5 DICAS PARA COMEÇAR

1) CÓMO RESOLVER LAS SOPA DE LETRAS

Os puzzles têm um formato clássico:

- As palavras estão escondidas sem espaços ou hífenes,...
- Orientação: As palavras podem ser escritas para a frente, para trás, para cima, para baixo ou na diagonal (podem ser invertidas).
- As palavras podem sobrepor-se ou intersectar-se.

2) APRENDIZAGEM ACTIVA

Ao lado de cada palavra há um espaço para anotar a tradução. Para encorajar a aprendizagem activa, um **DICIONÁRIO** no final desta edição permitir-lhe-á verificar e expandir os seus conhecimentos. Procure e anote as traduções, encontre-as no puzzle e adicione-as ao seu vocabulário!

3) MARCAR AS PALAVRAS

Pode inventar o seu próprio sistema de marcação - talvez já use um? Pode também, por exemplo, marcar palavras difíceis de encontrar com uma cruz, palavras favoritas com uma estrela, palavras novas com um triângulo, palavras raras com um diamante, e assim por diante.

4) ESTRUTURANDO A APRENDIZAGEM

Esta edição oferece um **CADERNO DE NOTAS** prático no final do livro. Nas férias, em viagem ou em casa, pode facilmente organizar os seus novos conhecimentos sem a necessidade de um segundo caderno!

5) JÁ TERMINOU TODAS AS GRELHAS?

Nas últimas páginas deste livro, na secção **DESAFIO FINAL**, encontrará um jogo gratuito!

Rápido e fácil! Consulte a nossa colecção de livros de actividades para o seu próximo momento de diversão e **aprendizagem**, a apenas um clique de distância!

Encontre o seu próximo desafio em:

BestActivityBooks.com/MeuProximoLivro

Aos vossos lugares, preparem-se...Vão!

Sabia que existem cerca de 7.000 línguas diferentes no mundo? As palavras são preciosas.

Adoramos línguas e temos trabalhado arduamente para criar livros da mais alta qualidade para si. Os nossos ingredientes?

Uma selecção de tópicos adequados à aprendizagem, três boas porções de entretenimento, e depois acrescentamos uma colherada de palavras difíceis e uma pitada de palavras raras. Servimo-los com amor e máximo divertimento, para que possa resolver os melhores jogos de palavras e se divirta a aprender!

A sua opinião é essencial. Pode participar activamente no sucesso deste livro, deixando-nos um comentário. Gostaríamos de saber o que mais lhe agradou nesta edição.

Aqui está um link rápido para a sua página de encomendas:

BestBooksActivity.com/Avaliacoes50

Obrigado pela vossa ajuda e divirtam-se!

A Equipa Inteira

1 - Dirigindo

```
J  S  T  L  T  Z  W  O  I  E  R  T  I  Q  M  O
A  U  U  I  S  I  I  L  O  P  M  Q  D  S  N  N
R  U  N  S  J  K  B  F  M  E  C  U  I  B  D  N
R  S  N  E  I  T  C  R  O  K  A  R  T  T  A  E
U  I  E  N  E  N  I  A  O  T  T  L  O  P  R  T
T  L  L  S  M  G  Y  S  T  T  U  D  Y  I  A  T
V  L  I  S  F  S  W  U  T  T  Q  A  T  E  A  O
M  A  V  I  L  L  A  T  O  T  U  A  J  N  V  M
W  V  R  R  A  C  D  E  R  Q  S  T  Z  N  F  U
V  R  S  O  M  J  D  J  I  P  A  F  A  E  P  U
G  U  N  T  I  T  J  L  P  B  A  P  M  K  K  S
C  T  H  T  Y  T  H  U  Y  W  K  G  B  I  B  P
B  B  N  O  S  V  U  K  Ö  V  R  C  V  I  N  R
U  J  K  O  S  D  U  S  R  Y  F  T  C  L  Y  S
F  J  Q  M  I  C  A  J  Ä  M  D  G  S  W  V  U
J  A  L  A  N  K  U  L  K  I  J  A  B  J  Y  S
```

ONNETTOMUUS   MOOTTORIPYÖRÄ
AUTO   MOOTTORI
POLTTOAINE   JALANKULKIJA
VAROITUS   VAARA
TIE   POLIISI
JARRUT   KATU
AUTOTALLI   TURVALLISUUS
KAASU   KULJETUS
LISENSSI   LIIKENNE
KARTTA   TUNNELI

2 - Antiguidades

```
S  S  R  T  R  W  Z  F  J  F  E  D  I  A  T  T
P  E  T  Y  Z  L  Q  B  S  I  M  R  Q  B  G  S
H  L  J  Y  J  Q  I  L  D  D  W  D  Ä  R  O  I
U  U  U  L  K  G  L  A  A  T  U  G  E  L  O  J
G  H  U  I  D  C  A  T  C  H  O  A  I  T  O  O
A  A  A  T  R  O  O  N  I  P  L  K  D  B  N  I
L  R  R  S  O  T  S  I  E  V  Z  U  I  I  Z  T
L  R  V  Y  P  K  O  H  P  G  Y  L  T  L  F  U
E  A  O  Q  G  E  A  A  B  D  K  K  N  Y  O  S
R  S  L  G  U  L  G  U  H  S  Y  O  I  U  U  K
I  T  N  D  P  E  D  B  P  A  E  R  Ö  D  C  T
A  A  R  Z  S  Y  F  V  Y  P  H  I  S  Z  S  F
G  J  T  Y  Y  L  I  K  Ä  S  A  S  I  O  L  S
T  A  S  L  T  B  K  Y  Y  S  J  T  T  S  S  U
H  Q  H  U  O  N  E  K  A  L  U  E  N  G  Q  I
V  U  O  S  I  S  A  T  A  Y  M  E  E  I  J  V
```

TAIDE	ERÄ
AITO	HUUTOKAUPPA
KORISTE	HUONEKALU
TYYLIKÄS	KOLIKOT
HARRASTAJA	HINTA
VEISTOS	LAATU
TYYLI	ENTISÖINTI
GALLERIA	VUOSISATA
SIJOITUS	ARVO

3 - Churrascos

```
V L U R E P Ä K L Ä N P L K I A
E O J E H J B U T Ä M L E D E H
I U C T B B N U I O E W I R J O
T N K E S Ä Q M T Q M Y H A H Q
S A E S E N N A H I V A J N G E
E S S A L A A T I T L R A C D V
T L D S R M Z G H C C E H T W E
T O F R S U O L A I R U P P I P
V U K P L Y E I N T Z T B Y K T
R F D O P L G L A P S E T K A J
R Q W D G D E L K Q C L K U S B
M U S I I K K I K Z W H K T T A
T T I R C J S R Q F R Z Z S I M
R D W Q S H U G Q F P E D U K P
I L L A L L I N E N H Q G S E J
I H O L G D Q D I A K W W I K R
```

LOUNAS
KUTSU
LAPSET
VEITSET
PERHE
NÄLKÄ
KANA
HEDELMÄ
GRILLI
ILLALLINEN

PELIT
VIHANNES
KASTIKE
MUSIIKKI
PIPPURI
KUUMA
SUOLA
SALAATIT
TOMAATIT
KESÄ

4 - Pesca

```
J  B  R  R  Y  G  I  E  Z  K  V  V  K  E  Z  T
E  O  U  B  B  J  R  J  M  D  J  E  N  E  V  Å
R  T  K  V  M  E  K  O  R  I  O  D  S  Q  S  L
T  H  K  I  H  L  U  V  K  S  M  I  T  I  B  M
G  Y  U  T  J  L  W  N  V  O  Z  B  Y  K  W  O
J  R  O  T  V  E  V  J  Y  T  B  Q  P  K  H  D
G  E  K  Ö  O  N  I  A  P  E  K  G  F  O  D  I
F  E  T  Y  C  E  V  T  L  E  U  G  F  K  G  G
E  N  U  S  O  P  R  N  U  T  Q  F  N  F  O  H
F  E  V  Ä  T  A  Ä  A  I  T  A  H  H  D  N  E
F  K  E  Z  G  V  J  R  M  I  R  M  Y  H  Z  T
S  O  U  T  I  I  Y  I  D  A  K  U  E  L  H  K
O  V  E  R  D  R  I  V  E  L  S  E  H  R  Y  A
S  C  L  C  T  V  Y  D  G  V  R  S  R  W  I  U
V  F  I  Z  J  Z  P  W  H  D  R  F  I  T  W  S
S  T  V  M  H  Z  H  B  C  M  W  T  W  S  O  I
```

VESI	SYÖTTI
EVÄT	JÄRVI
VENE	LEUKA
GJELLENE	VALTAMERI
KORI	TÅLMODIGHET
KOKKI	PAINO
LAITTEET	RANTA
OVERDRIVELSE	JOKI
KOUKKU	KAUSI

5 - Geologia

```
S Y T M A A N O S A U I M Q Z V
L T M A T E T I T C A L A T S Y
V U A I S D U V F S V M A P O Ö
G O O L A A W I Q F A I N O R H
E H N L A N N K C B L N J V R Y
E S A A A G Z K G Z F E Ä V E K
R W C R T C M C O L B R R K K E
J J L O A R V I R K R A I U L B
O L O K R Y U L I F T A S R F S
N K V Y K S V I L T K L T Y T U
T F K O A T W I K A I I Y E N O
H L R H L A B S E T F T S Q M L
A P P G S L Z S E R O O S I O A
P H W S I E K O K V A R T S I K
P Y G C U J B F R G H A V F Y K
O T E C M L F O B K J S R I E H
```

HAPPO
KERROS
LUOLA
KALSIUM
MAANOSA
KORALLI
CRYSTAL
EROOSIO
STALACTITE
STALAGMIITIT

FOSSIILI
LAVA
MINERAALI
KIVI
TASANKO
KVARTSI
SUOLA
MAANJÄRISTYS
VOLCANO
VYÖHYKE

6 - Tempo

```
V E M H N I L D L M V P M V Y L
I N E L I E B V L Y V H P U V T
I N Ä Ä N Ä T A T A S I S O U V
M E T O N E Q Y F Y Y W B S R D
E N F H U J V M N B Q A H I O J
K P I V T P Ä I V Ä W A A K W O
I E I R E T N E L A K M V Y I G
V A S M I N U U T T I U I M L M
U H U K U Z J R L S Y W I M B I
H O A S I K T E H V Y H K E U R
M Y K W W P T U B U H J K N H M
C U U O Y Z Ä V N O I B O U P B
E S U N I P Q I L S K H Z D E R
H Y K E L L O U V I Y P I B Y J
S Y M T W N T S L Ä J Ö J F Z S
T U L E V A I S U U S E F S V Y
```

NYT
VUOSI
ENNEN
KALENTERI
VUOSIKYMMEN
PÄIVÄ
TULEVAISUUS
TÄNÄÄN
TUNNIN
AAMU

KESKIPÄIVÄ
KUUKAUSI
MINUUTTI
HETKI
YÖ
EILEN
VIIME
KELLO
VIIKKO
VUOSISATA

7 - Astronomia

```
D R Q D O R P M O U M U U K U O
Z B V K M A I U E A N O I O H B
S D D L P K M B G T H A B S H S
N Ä H F O E E O B T E V J M A E
Z A T H K T N H H E J O G O S R
M A A E N T N S S E Z N R S T V
U N P N I I Y U M N D R P I E A
N S Z M R L S M Z A Y E A B R T
N G M N U K Y U K L P P I Q O O
W W Ø S A V I A T P O U N D I R
T Ä H D I S T Ö Y S C S O E D I
V K E B N G A L A K S I V K I O
A H H L O V V U Z H B Y O M I I
Y O R C C L E K L Q L E I L U J
G T V D M P L J S R L G M Z H I
P N I T T U A N O R T S A K U U
```

ASTEROIDI	KUU
ASTRONAUTTI	METEORI
TAIVAS	SUMU
TÄHDISTÖ	OBSERVATORIO
KOSMOS	PLANEETTA
PIMENNYS	SÄTEILY
JEVNDØGN	AURINKO
RAKETTI	SUPERNOVA
GALAKSI	MAA
PAINOVOIMA	

8 - Acampamento

```
J  Ä  R  V  I  S  E  L  U  C  Q  K  F  T  A  M
Z  P  C  H  T  U  H  A  T  T  L  E  T  B  S  Ö
K  K  Ö  Y  S  I  U  I  S  S  A  P  M  O  K  K
U  Ä  V  Q  O  S  W  T  P  U  U  S  W  B  S  K
U  S  Y  T  S  Ä  S  T  E  M  K  F  P  O  E  I
F  T  H  G  L  M  G  E  J  M  U  L  O  N  I  G
V  E  A  N  W  O  D  E  F  K  I  R  G  L  K  L
F  M  R  Z  Y  Y  T  T  U  R  A  Ä  W  J  K  U
R  I  I  P  P  U  M  A  T  T  O  R  L  L  A  O
A  N  T  A  A  P  O  T  K  U  T  P  E  E  I  N
V  U  O  R  I  T  T  O  O  N  A  K  R  G  L  T
Z  Z  T  H  Y  Ö  N  T  E  I  N  E  N  T  U  O
E  F  D  T  T  D  G  T  Y  H  T  W  L  V  O  V
M  A  H  M  A  U  Q  U  W  K  U  D  U  U  U  C
V  R  L  P  N  H  Q  Y  J  W  G  T  Z  B  A  Q
K  A  R  T  T  A  C  Q  S  F  P  A  Y  B  P  T
```

ELÄIMET	METSÄ
SEIKKAILU	ANTAA POTKUT
PUU	HYÖNTEINEN
KOMPASSI	JÄRVI
MÖKKI	KUU
METSÄSTYS	RIIPPUMATTO
KANOOTTI	KARTTA
HATTU	VUORI
KÖYSI	LUONTO
LAITTEET	TELTTA

9 - Emoções

```
I  U  R  M  A  U  T  U  U  S  H  D  Q  A  U  T
N  H  A  Y  H  S  D  A  R  Q  S  V  Y  P  J  Y
N  E  K  Ö  U  R  B  P  R  G  D  S  A  F  G  Y
O  L  K  T  A  W  A  Y  U  G  Y  Y  M  D  B  T
I  L  A  Ä  R  W  W  C  F  W  H  I  M  E  T  Y
S  Y  U  T  E  J  Z  O  R  S  D  K  O  Z  I  V
S  Y  S  U  U  S  I  L  L  U  R  U  S  O  I  Ä
A  S  Ö  N  E  N  I  L  L  O  T  I  I  K  L  I
A  A  T  T  U  T  U  U  S  S  N  J  Y  L  O  N
N  P  T  O  L  U  M  P  J  G  Q  S  W  E  T  E
Y  S  T  Ä  V  Ä  L  L  I  S  Y  Y  S  P  N  N
S  V  V  S  H  U  S  K  B  F  Z  O  P  U  E  M
B  W  P  I  J  H  E  I  B  K  I  U  U  V  R  T
I  N  E  N  I  M  Y  T  S  Y  V  Ä  K  I  M  O
R  A  U  H  A  L  L  I  S  U  U  S  J  K  M  W
R  A  U  H  A  L  L  I  N  E  N  O  C  J  K  C
```

ILO	RAUHA
RAKKAUS	SUUTUTTAA
INNOISSAAN	RENTO
AUTUUS	TYYTYVÄINEN
YSTÄVÄLLISYYS	MYÖTÄTUNTO
RAUHALLINEN	HELLYYS
SISÄLTÖ	IKÄVYSTYMINEN
KIITOLLINEN	RAUHALLISUUS
PELKO	SURULLISUUS

10 - Ficção Científica

```
Z  P  S  A  L  A  P  E  R  Ä  I  N  E  N  A  S
I  L  L  U  U  S  I  O  D  O  S  D  H  A  C  I
R  O  B  O  T  T  I  A  V  U  K  O  L  E  S  Q
K  A  U  K  A  I  N  E  N  V  A  O  K  P  K  H
R  I  M  O  A  F  J  L  H  T  L  F  Y  F  E  K
E  P  P  A  H  S  T  O  P  U  A  G  U  C  N  R
A  O  S  E  A  S  E  Y  M  K  G  M  Z  H  A  J
L  T  P  G  I  I  H  M  S  T  G  M  P  H  A  K
I  S  J  Z  H  E  L  Q  Y  O  C  T  H  N  R  K
S  Y  R  I  F  M  U  M  H  P  K  N  R  V  I  I
T  D  U  T  O  P  I  A  A  A  Z  T  W  I  O  R
I  Q  S  J  J  S  O  R  A  A  K  K  E  L  I  J
N  W  F  U  T  U  R  I  S  T  I  N  E  N  N  A
E  R  Ä  J  Ä  H  D  Y  S  N  P  L  O  Y  V  T
N  E  N  I  T  S  A  T  N  A  F  Z  Q  Y  R  Z
Ä  Ä  R  I  M  M  Ä  I  N  E  N  Z  T  H  F  A
```

SKENAARIO
ELOKUVA
KAUKAINEN
DYSTOPIA
RÄJÄHDYS
ÄÄRIMMÄINEN
FANTASTINEN
ANTAA POTKUT
FUTURISTINEN

GALAKSI
ILLUUSIO
KIRJAT
SALAPERÄINEN
MAAILMA
ORAAKKELI
REALISTINEN
ROBOTTI
UTOPIA

11 - Mitologia

```
Z D Q Y S L L B Z O J Y S M J L
W D C V O N E A L Y F O A A C A
V O V Y T H O G Q F P A N A S B
N Q A U U T I F E W G N K G Y Y
O U P G R R O P R N C O A I J R
S N E N I M O U L U D C R N K I
U Z P A R Z I F I T K A I E A N
U H Y E U U K K O N E N T N T T
V S T P U P S A V T J Z A Y A T
H O E O T S O K B Q N J R K S I
A G K L T T A I V A S E Z S T F
V M R Q L K A T E U S V L G R G
W Y A B U N Y H I R V I Ö O O I
C N P L K S A N K A R I K A F B
N E N I A V E L O U K O N V I O
W K N T E S K U M O K S U M S R
```

ARKETYPE   SANKARITAR
TAIVAS   SANKARI
KATEUS   LABYRINTTI
USKOMUKSET   LEGENDA
LUOMINEN   MAAGINEN
OLENTO   HIRVIÖ
KULTTUURI   KUOLEVAINEN
KATASTROFI   SALAMA
VAHVUUS   UKKONEN
SOTURI   KOSTO

12 - Medições

```
T A V U I O D Y S Y Y V Y S D C
P T U T U T E P E G R A M M A S
U C U D M B S U N K I Q Q G U W
V Y S U U T I P T A O Y L S G Y
T L Y R M I M E T D E J Q T A L
I G E T S A A D I R A T T I M J
L F V Q R Q A F M V S N Q I M T
A D E I B D L U E K S W K W A O
V E L D N K I W T H A P I O R N
U O N I A P O G R J M W L C G N
U Q Q S T D C R I A H J O C O I
S U Y S B R O M K Y R D M Q L H
T B R N T I A N U E S Z E M I H
M I N U U T T I K U U Q T S K W
Q I Q F L O B I G A U S R Y T C
A L I Y F N B W Z L H H I B Y U
```

KORKEUS	MITTARI
TAVU	MINUUTTI
SENTTIMETRI	UNSSI
PITUUS	PAINO
DESIMAALI	TUUMA
GRAMMA	SYVYYS
ASTE	KILOGRAMMA
LEVEYS	KILOMETRI
LITRA	TONNI
MASSA	TILAVUUS

13 - Álgebra

```
Y  S  U  M  M  A  P  T  E  K  I  J  Ä  D  M  M
S  H  D  B  Z  L  A  H  G  A  V  A  Q  R  U  Y
Q  Z  T  N  P  L  R  C  D  T  S  C  Y  H  U  T
W  C  E  Ä  K  O  E  A  J  M  Y  L  B  F  T  N
F  P  O  R  L  N  N  E  N  Y  V  V  N  I  T  E
V  T  T  Ä  T  Ö  T  G  E  F  Z  R  W  A  U  Z
F  O  B  Ä  W  E  E  Z  N  F  K  O  K  A  J  S
O  E  Y  V  Z  F  S  I  I  S  I  I  R  T  A  M
R  A  T  K  A  I  S  U  R  J  C  V  J  O  V  V
E  V  T  O  L  A  V  Z  A  A  K  A  T  G  A  Ä
M  F  I  F  U  P  Q  A  A  M  P  A  R  P  A  H
U  Ä  U  H  F  S  T  F  E  M  L  K  A  W  K  E
N  R  Ä  S  T  K  R  N  N  Ö  T  E  R  Ä  Ä  N
J  C  J  R  C  T  N  V  I  F  T  D  G  P  J  N
P  S  M  H  Ä  W  K  B  L  J  K  A  T  N  A  Y
H  E  K  S  P  O  N  E  N  T  T  I  B  T  O  S
```

KAAVIO   MATRIISI
JAKO   NUMERO
YHTÄLÖ   PARENTES
EKSPONENTTI   ONGELMA
VÄÄRÄ   MÄÄRÄ
TEKIJÄ   RATKAISU
KAAVA   SUMMA
JAE   VÄHENNYS
ÄÄRETÖN   MUUTTUJA
LINEAARINEN   NOLLA

14 - Plantas

```
B  S  S  Z  A  M  P  T  T  N  M  M  A  J  K  Q
V  F  D  I  I  U  E  U  Y  W  G  U  Z  U  A  H
Y  R  T  T  I  R  R  B  U  C  A  D  P  U  S  R
H  L  D  P  W  A  C  M  M  T  E  Q  A  R  V  V
G  W  B  A  B  T  D  A  J  R  A  M  P  I  I  S
L  K  U  N  W  T  O  B  K  K  W  R  U  Q  S  U
R  O  N  H  Z  I  R  Q  U  B  A  C  H  D  T  U
L  R  L  V  Y  L  S  S  K  L  K  K  Y  A  O  S
M  E  W  K  Q  L  A  K  K  I  S  Z  T  J  Z  I
L  L  H  V  U  U  M  D  A  J  U  Z  O  U  Ä  L
V  S  V  T  S  S  M  Y  O  D  P  N  A  Z  S  L
B  R  O  L  I  C  A  T  E  R  Ä  L  E  H  T  I
Z  U  T  L  R  E  L  R  B  S  Q  P  L  O  E  V
N  O  E  T  I  O  N  N  A  L  H  U  A  J  M  S
Q  H  B  F  Y  V  O  M  U  K  J  U  C  S  U  A
Z  O  Y  W  K  A  S  V  I  T  I  E  D  E  I  K
```

PUSKA	KASVISTO
PUU	METSÄ
MARJA	LEHTIEN
BAMBU	RUOHO
KASVITIEDE	MURATTI
KAKTUS	PUUTARHA
YRTTI	SAMMAL
PAPU	TERÄLEHTI
LANNOITE	JUURI
KUKKA	KASVILLISUUS

15 - Veículos

```
Z W I S S N A L U B M A T M R E
R W S P E H N P E N E V A F A N
P R U W G B P W J N P A K U K B
D O A P V Q F E U P T L S E E U
C T L Z A P D N A W L O I I T S
S U U K A V R F F H S M K R T S
V A K M U S C O O T E R E O I I
A T K B Y P C O U K I W W T N D
R J U B K L Y R E N K A A T R E
E J S S P C G Ö A M S G T O K O
B G I C F Y N M R J V P T O F D
I T J L W U A P A Ä Y D U M J Z
L H E L I K O P T E R I A U P S
E A W J C G Z Y S I C A L B L T
P O B S U K E L L U S V E N E M
S R H E L Z C M T R A K T O R I
```

AMBULANSSI	SCOOTER
LENTOKONE	METRO
LAUTTA	MOOTTORI
VENE	BUSSI
POLKUPYÖRÄ	RENKAAT
KUKA	SUKELLUSVENE
AUTO	TAKSI
RAKETTI	SUKKULA
VAREBIL	TRAKTORI
HELIKOPTERI	

16 - Engenharia

```
A D U O H Y I E K A L Q B G R A
V T K I T K A D I U M Y R W A K
W A K K S N J D H H L K U U K S
U T K M I T T A U S J M U L E E
T I P A N C Z Q H V A A A N L
Y M R S U U V H A V K R W S T I
M D O O J S L N L R E D P K A U
O N P N Z F A R K A L Z O E M K
O E U T U E W G A N U G L M I A
T J L D A N D W I D C W R I N A
T F S M I N Q N S K O N E N E V
O R I A H E G A I G R E N E N I
R T O R E K S I J K T R B N U O
I N C E G A B E A S Y V Y Y S Y
Y C U U V R L H L R W Q G E G A
Y L A K C N E S T E Z Z D A A F
```

KITKA	ENERGIA
KULMA	VAKAUS
LASKEMINEN	RAKENNE
RAKENTAMINEN	VAHVUUS
KAAVIO	NESTE
HALKAISIJA	KONE
DIESEL	MITTAUS
MITAT	MOOTTORI
JAKELU	SYVYYS
AKSELI	PROPULSIO

17 - Restaurante # 2

```
H L U S I K K A J Q H E E A S N
E M L N U A M O U J J Ä Ä N T U
R B H E D E L M Ä S B B W H A U
K T P N B Q V A C U A Z Y A R D
U W N I I M S L K P Z J K N J E
L K J L O T B O Y P U D L U O L
L W K L Z H A U C E F Q E F I I
I T T A A L A S Q K J U I L L T
N W N L K R T R E Q O D W O I E
E K U L K I U Q V N I K B U J E
N Y L I U W F S D W N C N N A T
I O J Q R P A Q O L A A U A C S
L S N W A P L M A T Z D H S U U
U N T M A L K U P A L A M I H A
D O N F H W H I K G Z H Z Z V M
J B S I T U O L I S E V O D Z C
```

LOUNAS
ALKUPALA
VESI
JUOMA
KAKKU
TUOLI
LUSIKKA
HERKULLINEN
MAUSTEET
HEDELMÄ

TARJOILIJA
HAARUKKA
JÄÄN
ILLALLINEN
VIHANNES
NUUDELIT
KALA
SUOLA
SALAATTI
SUPPE

18 - Países #2

```
N  J  G  J  K  H  T  F  B  Z  N  T  D  B  A  V
B  P  K  Z  N  Z  A  M  G  K  D  A  A  C  A  A
M  J  P  Z  O  I  Q  I  M  J  S  N  T  W  I  L
V  F  K  N  N  T  G  D  T  D  N  S  O  A  L  B
D  V  O  P  A  Q  F  E  J  I  A  K  V  N  A  A
T  B  M  I  B  U  M  Z  R  Q  K  A  V  T  P  N
N  L  W  H  I  R  F  A  J  I  I  I  V  W  E  I
P  U  Q  O  L  V  Y  O  L  P  A  I  I  H  N  A
J  A  P  A  N  I  H  S  A  F  M  Q  Z  H  V  A
V  D  S  A  S  O  M  A  L  I  A  L  F  J  L  R
I  R  L  A  N  T  I  D  W  Ä  J  Ä  N  E  V  B
Q  A  D  M  M  I  M  E  K  S  I  K  O  O  I  R
R  A  N  S  K  A  A  P  A  K  I  S  T  A  N  F
E  N  Z  I  W  C  M  R  U  G  A  N  D  A  A  T
A  Q  E  T  D  B  Z  R  K  K  R  E  I  K  K  A
I  N  D  O  N  E  S  I  A  U  S  Y  Y  R  I  A
```

ALBANIA	LIBANON
TANSKA	MEKSIKO
RANSKA	NEPAL
KREIKKA	NIGERIA
HAITI	PAKISTAN
INDONESIA	VENÄJÄ
IRLANTI	SYYRIA
JAMAIKA	SOMALIA
JAPANI	UKRAINA
LAOS	UGANDA

19 - Cozinha

```
S Y Ö M Ä P U I K O T N H Z P U
J L A U T A S L I I N A F Z A O
S Ä M L U S I K A T E Z O N V K
Y Y Ä A T L P F J I S K D O E E
V A Ö K Y M M M J U I R A M E U
J T V D A S I E N I L K A N N U
M Y N Q Ä A S L Q K I A H P N U
P A D P S S P L L U I E U V Y F
U E U D W T U P D P N C A A Q J
R M Y S I W J U I I A H K L S O
K J F V T R T K W T V E L I I W
K H L T P E M M P A K A S T I N
I N O W E L E V E I T S E T C W
U U N I S F W T F D C R O A W B
R W J T E A V S H A F T F K R U
I L L I R G K U L H O O H G G P
```

ESILIINA	PAKASTIN
KATTILA	GAFLER
LUSIKAT	JÄÄKAAPPI
SYÖDÄ	GRILLI
KAUHA	LAUTASLIINA
KUPIT	PURKKI
MAUSTEET	KANNU
SIENI	SYÖMÄPUIKOT
VEITSET	RESEPTI
UUNI	KULHO

20 - Material de Arte

```
I  M  U  K  E  H  Y  Y  P  C  Y  G  Z  P  U  K
B  A  E  H  S  V  F  J  U  E  L  D  I  A  P  A
U  A  E  M  S  Ä  W  L  R  W  W  V  U  P  B  M
B  L  C  U  B  R  A  Ö  V  E  Z  O  Y  E  M  E
H  A  Y  S  L  I  W  K  P  V  R  O  A  R  A  R
V  U  R  T  H  U  U  K  V  K  Y  N  Ä  I  A  A
F  S  H  E  N  P  O  C  E  A  H  P  B  G  L  D
J  T  C  A  J  T  M  V  J  T  R  K  D  G  I  J
P  E  I  K  R  G  G  Z  U  I  J  E  A  E  T  V
Ö  L  F  T  K  J  Q  O  A  U  I  V  L  C  T  C
Y  I  V  A  S  B  A  W  K  P  S  W  O  L  T  H
T  N  R  Z  K  R  O  T  R  W  E  C  S  D  I  B
Ä  E  W  Z  S  S  E  S  Y  Z  V  C  T  C  L  T
R  O  O  K  B  K  R  L  Y  Z  B  R  C  P  O  A
H  Q  J  W  E  Z  B  F  L  C  P  S  G  R  U  Y
G  E  L  I  I  M  A  K  I  H  O  B  N  E  T  F
```

AKRYYLI	VÄRI
PYYHEKUMI	LUOVUUS
AKVARELLIT	HARJAT
SAVI	KYNÄ
VESI	PÖYTÄ
TUOLI	ÖLJY
MAALAUSTELINE	PAPERI
KAMERA	MUSTE
LIIMA	MAALIT

21 - Números

```
O D R D J N E N E M M Y K L D D
K A H D E K S A N Z H H A J M C
M I L A A M I S E D H D K O A J
P H B N C O L S E R W E S Q T Y
J G V A D D L O F F S K I L E T
O S L S V C L D K W I S K Y M C
V I I S I T O I S T A Ä Y S A B
K Z U V K Q N T C W L N M E T T
J A T S I O T I S K A K M I I V
L M K H S K O A K T B O E T I I
D M D S N O L L A U R T N S K I
W A G A I B U S L L U A T E K S
K O L M E T O I S T A S Ä M A I
N E L J Ä T O I S T A K I Ä L H
F C U R T H T K N E L J Ä N F D
K U U S I T O I S T A A Y Y A Q
```

VIISI	NELJÄ
DESIMAALI	VIISITOISTA
KYMMENEN	KUUSI
KUUSITOISTA	SEITSEMÄN
KAKSI	KOLMETOISTA
KAKSITOISTA	KOLME
MATEMATIIKKA	YKSI
YHDEKSÄN	KAKSIKYMMENTÄ
KAHDEKSAN	NOLLA
NELJÄTOISTA	

22 - Física

```
S O A A K M E K A N I I K K A T
U W G K E M I A L L I N E N Y A
H S P K Y K E R N H L Y U W A A
T Y A O N B T R W K H U U I S J
E E V A U L U Z P N I U W O S U
E H A Y K P A I N O V O I M A U
L I A K W L Z Q O U K F D G M S
L T K H I U K K A N E N J U O M
I W R N M N A S S H I Y P I L O
S F B L O J O V V I H Z K B E O
U J E L T Q G R O C F G P Y K T
U T W F A T J Ä T S I E L Y Y T
S Y T Y D H I I K K I E K L Y O
H H D N O P E U S V E O N V L R
I M S I T E N G A M D L Z G I I
H Y W A N M U B H S A U E J Z W
```

KIIHDYTYS	MASSA
ATOMI	MEKANIIKKA
KAAOS	MOLEKYYLI
TIHEYS	MOOTTORI
ELEKTRONI	YDIN
KAAVA	HIUKKANEN
TAAJUUS	KEMIALLINEN
KAASU	SUHTEELLISUUS
PAINOVOIMA	YLEISTÄ
MAGNETISMI	NOPEUS

23 - Especiarias

```
I  M  O  A  L  O  U  S  B  M  S  N  P  W  B  M
S  O  E  A  N  F  N  Q  M  B  T  J  I  M  H  A
O  L  R  R  K  I  S  N  Y  K  W  H  P  A  K  U
H  B  D  U  M  L  S  J  K  O  D  W  P  K  F  S
A  A  B  G  K  O  D  M  Q  A  O  I  U  E  V  T
N  D  P  O  R  K  Y  P  P  O  N  R  R  A  A  E
I  F  T  A  L  N  L  P  B  U  S  E  I  L  L  S
R  Q  B  R  N  E  C  G  K  B  E  T  L  O  K  A
Ä  P  S  C  S  F  P  P  U  V  E  N  U  I  O  H
Ä  V  E  A  N  L  Z  O  M  A  E  A  P  S  S  R
V  G  I  T  T  Y  N  G  I  N  S  I  I  T  I  A
I  R  N  B  F  R  D  K  N  I  V  R  S  I  P  M
K  A  T  K  E  R  A  B  A  L  F  O  W  R  U  I
N  H  E  K  B  U  K  A  M  J  O  K  S  K  L  S
I  Y  M  I  Z  C  S  E  W  A  H  W  K  A  I  M
K  A  R  D  E  M  U  M  M  A  N  P  B  L  A  Y
```

MAUSTESAHRAMI	SIPULI
LAKRITSI	KORIANTERI
VALKOSIPULI	KUMINA
KATKERA	KYNSI
ANIS	MAKEA
HAPAN	FENKOLI
VANILJA	INKIVÄÄRI
KANELI	PIPPURI
KARDEMUMMA	MAKU
CURRY	SUOLA

24 - Países #1

```
N N G B V Z R M L A G E N E S K
K N M N P O G G A I J N D P A T
N C P P J T K H A L Z N U F K R
K I T P Y G E Z O I L E A R S I
A L C I R A K S V S H U J P A E
N A S A Ž D O B M A K A R I S N
A M U L R O K K O R A M O Q I E
D U O E Q A K E O B K F N I T O
A M M U N W G E C U A D O R A T
R H I Z Z I R U N V S M P D L E
Q F J E L L P I A Z O P A Y I Z
H W U N F I I N T I A V B N A P
D M V E T Q D P D W P U O L A Y
R P A V Q E C S C S D O C J Y P
B D C N J G K T S E Y J P F L J
Q K Q K J K H H V G C F Q T C V
```

SAKSA	ITALIA
BRASILIA	INTIA
KAMBODŽA	MALI
KANADA	MAROKKO
EGYPTI	NICARAGUA
ECUADOR	NORJA
ESPANJA	PANAMA
SUOMI	PUOLA
IRAK	SENEGAL
ISRAEL	VENEZUELA

25 - A Mídia

```
B  T  Q  G  V  T  U  P  T  R  R  H  K  L  T  P
C  A  E  R  D  I  D  T  Y  A  W  W  O  Y  D  A
V  V  J  E  A  F  E  A  P  D  M  O  U  F  I  I
K  U  A  R  T  Y  Q  S  W  I  A  O  L  G  P  K
Q  K  S  R  B  N  G  O  T  O  C  L  U  J  R  A
P  A  I  N  O  S  E  Y  V  I  Y  A  T  U  G  L
R  A  H  O  I  T  U  S  P  O  N  I  U  L  F  L
V  E  R  K  O  S  S  A  A  I  K  T  S  K  A  I
K  A  U  P  A  L  L  I  N  E  N  K  Ä  I  K  N
S  A  N  O  M  A  L  E  H  T  I  A  R  N  T  E
I  N  D  U  S  T  R  I  E  T  Z  E  F  E  A  N
R  U  T  Q  Ä  L  Y  L  L  I  N  E  N  N  V  T
L  A  U  S  U  N  T  O  Y  K  S  I  L  Ö  B  I
V  Z  L  E  D  W  E  R  R  M  T  S  L  M  U  H
D  I  G  I  T  A  A  L  I  N  E  N  Q  M  E  J
T  E  L  E  V  I  S  I  O  F  T  U  P  K  S  Y
```

ASENTEET	INDUSTRI
KAUPALLINEN	ÄLYLLINEN
VIESTINTÄ	SANOMALEHTI
DIGITAALINEN	PAIKALLINEN
PAINOS	VERKOSSA
KOULUTUS	LAUSUNTO
FAKTA	JULKINEN
RAHOITUS	RADIO
KUVAT	VERKKO
YKSILÖ	TELEVISIO

26 - Casa

```
S  B  E  S  T  Q  G  P  V  O  O  H  W  M  T  T
I  W  A  W  E  N  O  U  H  E  J  I  P  A  A  A
M  Y  F  P  T  I  V  O  B  F  R  A  Z  T  K  D
G  B  F  V  G  S  N  D  V  Q  R  H  P  T  K  L
U  L  L  A  K  K  O  Ä  H  A  N  A  O  O  A  B
T  D  E  N  K  Z  P  E  U  G  V  Q  K  T  R  J
W  I  Q  U  A  V  U  H  U  O  N  E  K  A  L  U
N  I  U  K  H  I  U  S  K  I  R  J  A  S  T  O
M  Ø  G  K  G  L  T  M  A  U  U  Y  T  A  K  G
I  F  K  I  Z  I  A  T  U  U  L  L  I  Z  E  B
S  U  K  L  W  E  R  F  P  K  F  B  A  E  I  T
V  L  U  S  E  P  H  B  Q  A  E  R  Y  U  T  A
D  P  D  K  T  R  A  E  N  R  Z  W  N  S  T  K
S  A  V  U  P  I  I  P  P  U  F  L  P  J  I  W
V  A  U  T  O  T  A  L  L  I  G  B  U  M  Ö  M
U  B  G  F  Y  N  E  I  W  K  U  U  I  W  K  E
```

KIRJASTO	PUUTARHA
AITA	TAKKA
SAVUPIIPPU	HUONEKALU
NØKLER	SEINÄ
SUIHKU	OVI
VERHOT	HUONE
KEITTIÖ	ULLAKKO
PEILI	MATTO
AUTOTALLI	HANA
IKKUNA	LUUTA

27 - Vegetais

```
S V A L K O S I P U L I H E K P
S A N A S H N S S I B A E I U E
Y I L W G M Z I N I Y T R H R R
L T P O I A Z I A T E S N J K S
G S T U T S F T U T E N E M K I
I A O C L T N E R A P Q I A U L
N L M F F I I R I A K Y P R P J
K A A W L P L S S N O D F T O A
I A A Z C R A E I I S E Y I R K
V T T L J U A M R P E U I S K V
Ä T T U K K K A E F U B Q O K S
Ä I I T B D A M L V D L N K A E
R I I V P C S Q L P R F I K N K
I D D Y G N R P E R U N A A A S
A D J I W D A O S I O K A N U M
D C D C Z V P H K Z W A M B O W
```

KURPITSA	SIENI
SELLERI	HERNE
ARTISOKKA	PINAATTI
VALKOSIPULI	INKIVÄÄRI
PERUNA	NAURIS
MUNAKOISO	KURKKU
PARSAKAALI	RETIISI
SIPULI	SALAATTI
PORKKANA	PERSILJA
SALOTTISIPULI	TOMAATTI

28 - Balé

```
I  K  T  R  Y  T  M  I  I  D  B  T  O  K  C  D
N  O  A  L  O  E  U  S  K  U  A  H  Y  R  L  J
T  R  N  I  L  P  I  W  K  B  L  W  E  Y  L  G
E  E  S  H  T  G  V  N  I  A  L  U  P  A  L  K
N  O  S  A  F  C  O  R  I  A  E  L  E  B  Z  I
S  G  I  K  Z  Ö  F  V  S  A  R  M  B  W  G  U
I  R  J  S  T  E  S  K  U  T  I  O  J  R  A  H
T  A  A  E  U  J  Ä  I  M  K  N  T  V  T  S  D
E  F  T  T  N  D  K  K  E  W  A  I  A  Z  A  T
E  I  C  E  P  U  I  G  B  L  M  A  O  G  O  J
T  A  I  Z  K  N  E  A  K  N  Y  T  S  L  D  Z
T  Y  G  P  V  Z  M  S  Ä  V  E  L  T  Ä  J  Ä
I  Y  J  J  H  T  L  T  E  K  N  I  I  K  K  A
U  V  Q  D  R  G  I  R  E  T  S  E  K  R  O  T
T  A  I  T  E  E  L  L  I  N  E  N  F  R  F  T
E  M  H  A  R  J  O  I  T  E  L  L  A  E  F  F
```

TAITEELLINEN	TAITO
BALLERINA	INTENSITEETTI
SÄVELTÄJÄ	LIHAKSET
KOREOGRAFIA	MUSIIKKI
TANSSIJAT	ORKESTERI
HARJOITUKSET	HARJOITELLA
TYYLI	YLEISÖ
ILMEIKÄS	RYTMI
ELE	TEKNIIKKA

29 - Adjetivos #1

```
T U H O W H O F F I H P G C U K
F A V A T L A V K T M Z Z P T J
I Z I A R V O K A S Ä B V S N W
Ä V Ä T T Ä H E I V M R J I E D
J F H T E T O S U L O V K O N E
S T S N G E M A B Q D A S E I T
E O A B O Y L I I U E K I S Ä Ä
E H D O T O N L C H R A T U R Y
O J I L P Z A E I L N V O U E D
L V H E W G B T G N I A S R P E
I D E N T T I N E N E S K I A L
P F Z V J W L A U Y L N E V L L
B P H T U M M A M D O D K T A I
A R O M A A T T I N E N D Q S N
B V P E U J Y R A S K A S J U E
R E H E L L I N E N U D C B Z N
```

EHDOTON	REHELLINEN
AROMAATTINEN	IDENTTINEN
TAITEELLINEN	TÄRKEÄ
VIEHÄTTÄVÄ	HIDAS
VALTAVA	SALAPERÄINEN
TUMMA	MODERNI
EKSOTISK	TÄYDELLINEN
OHUT	RASKAS
ANTELIAS	VAKAVA
SUURI	ARVOKAS

30 - Paisagens

```
J A L O U L V A L T A M E R I Y
L A R C K L K Y D I K M T H C C
B V J P R Z N R Q I V R Ä J A L
I I H R J W A R P R T I J L S D
H K K T U N D R A O A V D W A Q
B K G Ä J K T B R U C N G M A Q
S O I R M O F R Y V A Z T N R M
K U I L U H Y U J N K A I A I H
N W M A V A S U O T U P I S E V
Z I Y D H Y A K K H J P R P V Q
E S E W N F D V I T B U O S U O
H M D M F K I M E R I C U M Y S
A F P L I C E M I D O S V V V K
P G E I N M K Ö K K I T Ä Ä J A
Q Y N V M H A A Y L A S Ä Q F A
V O L C A N O A P M S N J I R L
```

VESIPUTOUS	VUORI
LUOLA	KEIDAS
MÄKI	VALTAMERI
AAVIKKO	SUO
JÄÄTIKKÖ	NIEMIMAA
KUILU	RANTA
JÄÄVUORI	JOKI
SAARI	TUNDRA
JÄRVI	LAAKSO
MERI	VOLCANO

31 - Dança

```
K  L  H  Q  K  K  Z  V  Z  N  S  W  C  T  V  K
U  I  I  K  O  Z  M  S  I  O  U  V  E  Z  A  L
L  I  M  P  R  S  B  C  K  N  Y  N  Z  L  E  A
T  K  L  Y  E  Ä  W  T  H  A  T  U  N  N  E  S
T  E  A  B  O  K  N  E  N  I  O  L  I  E  U  S
U  I  J  K  G  I  E  K  U  M  P  P  A  N  I  I
U  Z  Y  T  R  E  N  H  J  E  Q  H  O  I  K  N
R  C  G  A  A  M  I  O  O  T  M  B  N  L  K  E
I  T  I  Z  F  L  E  N  D  A  L  J  U  A  I  N
T  S  A  W  I  I  T  P  R  K  U  O  K  A  I  K
H  Y  A  I  A  F  N  F  K  A  D  E  O  U  S  A
Y  V  A  R  D  O  I  M  T  Y  R  M  U  S  U  A
R  A  S  S  M  E  R  N  J  L  P  U  J  I  M  V
T  D  K  B  Y  O  E  K  K  L  H  Z  U  V  E  A
D  T  B  T  H  H  P  S  V  Y  T  P  D  B  Z  R
H  A  R  J  O  I  T  U  K  S  E  T  A  F  O  O
```

AKATEMIA	ILMEIKÄS
ILOINEN	ARMO
TAIDE	LIIKE
KLASSINEN	MUSIIKKI
KOREOGRAFIA	KUMPPANI
KEHO	RYHTI
KULTTUURI	RYTMI
TUNNE	PERINTEINEN
HARJOITUKSET	VISUAALINEN

32 - Nutrição

```
R U O K A H A L U F S M M B Q P
R K K N D Y Ä V Ä T Ö Y S A L B
T U F F O T S S G N I R Æ N K S
V E O K A L O R I N K K T E R U
P E R K D B G G B E A K E N U K
F R B V A H W S C S R Y R I O A
I G Y D E V M A C T B K V O A T
L A A T U H A P I E O A E N N K
J W L A R B J L N E H S Y I S E
K Ä Y M I N E N I T Y T S A U R
P R O T E I I N I O D I V P L A
F G M B L D P J M Y R K F A A S
Q I Q G K F A M A I A E K S T T
F H P A H M I J T J T D I A U G
O L P F L E N R I V E U F T S O
G Y P L P S O L V B R I G K F H
```

KATKERA
RUOKAHALU
KALORI
KARBOHYDRATER
SYÖTÄVÄ
RUOKAVALIO
RUOANSULATUS
TASAPAINOINEN
KÄYMINEN
NESTEET

KASTIKE
NÆRINGSSTOFF
PAINO
PROTEIINI
LAATU
MAKU
TERVE
TERVEYS
MYRKKY
VITAMIINI

33 - Energia

```
P F O R U R E N S N I N G M E S
O S P K Ö I V O Z F T J N T J Ä
T Q V Y T E V M O O T T O R I H
V F D D S F A A T T H Y D C N K
B E N S I I N I V U U I H O O Ö
S D I W R N K R I U R U E V T I
Y J D N Ä O O O G Q T B L R O N
G B Y D P R H I I L I U I I F E
O C E V M T K H C G U H I I K N
C Q A B Y K R M C U E Z S S N Q
L Ä M P Ö E I N D U S T R I U I
B W L Y B L J Y C K R G U B K U
M C S D A E B B F G U N F C K Z
D I E S E L J E N T R O P I A N
P O L T T O A I N E D K F V C U
A U R I N K O S F Q R R W E Q B
```

YMPÄRISTÖ	BENSIINI
AKKU	VETY
LÄMPÖ	INDUSTRI
HIILI	MOOTTORI
POLTTOAINE	YDIN
DIESEL	FORURENSNING
SÄHKÖINEN	UUSIUTUVA
ELEKTRONI	AURINKO
ENTROPIA	TURBIINI
FOTONI	TUULI

34 - Disciplinas Científicas

```
F Y S I O L O G I A Y P E I N O
K A S V I T I E D E S S K M P K
M E K A N I I K K A G Y O M Q I
N E U R O L O G I A E K L U V N
B M F J S S S Z R A F O O N G E
M I N E R A L O G I A L G O N S
A S Z E T I H T A G E O I L K I
I R K M T M F B M O D G A O I O
M N K D A E K J O L E I I G E L
E Z W E P K W U D O I A S I L O
K A I G O L O R O E T E M A I G
O A I G O L O I B G I K U B T I
I B K C T M O P U S T H G B I A
B T G B P O D G G B H P V U E D
A N A T O M I A I A Ä P U L D V
K W R F B K A E S A T I O R E U
```

ANATOMIA

ARKEOLOGIA

TÄHTITIEDE

BIOLOGIA

BIOKEMIA

KASVITIEDE

KINESIOLOGIA

EKOLOGIA

FYSIOLOGIA

GEOLOGIA

IMMUNOLOGIA

KIELITIEDE

MEKANIIKKA

METEOROLOGIA

MINERALOGIA

NEUROLOGIA

PSYKOLOGIA

KEMIA

35 - Meditação

```
H  I  K  K  I  I  S  U  M  B  K  A  H  U  A  R
N  S  A  I  P  P  O  Z  M  D  Z  I  T  H  Y  R
S  Y  Y  S  I  L  L  Ä  V  Ä  T  S  Y  L  G  Q
S  E  Q  W  I  T  M  I  E  L  I  K  L  I  A  D
Q  K  Y  A  Q  J  O  O  K  N  D  U  K  I  V  M
H  L  G  I  W  O  H  L  T  E  K  T  G  K  I  Y
A  E  B  I  D  Q  H  U  L  N  Ä  A  U  E  Q  Ö
V  S  R  J  V  J  N  M  O  I  T  J  A  W  R  T
U  V  F  E  Q  B  Y  T  T  M  S  A  M  R  L  Ä
S  U  K  F  I  K  Z  V  N  Y  I  U  L  L  U  T
U  T  K  R  U  L  C  D  I  S  K  O  U  S  O  U
T  U  N  N  E  G  L  Z  A  K  N  L  K  S  N  N
S  C  V  G  N  M  V  Ä  V  Ä  E  R  Ö  S  T  T
S  G  P  V  B  H  N  K  A  V  H  P  K  F  O  O
L  L  G  Z  C  N  B  V  H  Y  F  G  Ä  B  C  H
S  U  U  S  I  A  J  L  I  H  J  I  N  V  A  T
```

HYVÄKSYMINEN	MIELI
HEREILLÄ	LIIKE
OPPIA	MUSIIKKI
HUOMIO	LUONTO
YSTÄVÄLLISYYS	HAVAINTO
SELKEYS	RAUHA
MYÖTÄTUNTO	AJATUKSIA
TUNNE	NÄKÖKULMA
KIITOLLISUUS	RYHTI
HENKISTÄ	HILJAISUUS

36 - Artes Visuais

```
V J C K M S S A V I M H B T T F
S E K E R A M I I K K A R A S Q
I N I I F A R A P Q N Y C I O K
K I N S U A L A A M K A S T E K
L L P K T L T N S J R Q N E T O
P E K L J O I E Ä K Y N Ä I I O
N T P I Y H S Y L K R U M L R S
M S M I L A Q C A G Ö M A I A T
H U H T Y Y F J K N L K U J T U
C A M U G L I C K H L P U A S M
L L F N I V Y J A V O W M L E U
A A E B S U M J Y Q H D M C M S
S A V U K O L A V K T Y O E L A
M M E L O K U V A O Y J V L W K
M U O T O K U V A E M N T Y W M
L U O V U U S U Z Y Q N Ä F Y V
```

SAVI   ELOKUVA
TAITEILIJA   VALOKUVA
KYNÄ   LIITU
MAALAUSTELINE   LYIJYKYNÄ
PARAFIINI   MESTARITEOS
KERAMIIKKA   NÄKÖKULMA
KOOSTUMUS   MAALAUS
LUOVUUS   MUOTOKUVA
VEISTOS   LAKKA

37 - Moda

```
R K K C Y G A G S P Q N R E S T
M O D E R N I P O G C O K D U Y
R V T N M B P B P G P T E U U Y
Q G T D Q P E N N E K A R L N L
P R A K T I S K P P S M F L T I
H H V E V S L D C P Y I Z I A K
A A A P U T P Y V A A T E N U Ä
I P K Y P I L A Y O K A V E S S
E T U W Z P L W I T W A Y N I G
B O M M I T A T Q N J V N H L F
G D U T T R L E O A I H D G L Z
R C N E N I Ä R E P U K L A A Q
B R O D E R I Y A O E H K D K S
S W F P U K M N A R Q P W E Q H
L O T F U J H W A O C I B G E B
F C N L A Y B O U T I Q U E A T
```

EDULLINEN   MODERNI
BRODERI   VAATIMATON
PAINIKKEET   ALKUPERÄINEN
BOUTIQUE   PRAKTISK
KALLIS   PITSI
MUKAVA   VAATE
TYYLIKÄS   KANGAS
TYYLI   SUUNTAUS
MITAT   RAKENNE

38 - Instrumentos Musicais

```
T H R L T C K D G U G E E L S J
M A U L I U H S N O Q H I M A T
A R M U P M U R O J N B T A K Z
N A K B L S W D B N J G R R S H
D T O N U I N O O A F H U I O V
O I C F U R H N E B S A M M F I
L K B J Q F I A A K R R P B O U
I O G K A S T I R U L P E A N L
I H A L G D T P N P F P T N I U
N I W U C E E Y Y I P U T U T R
I N L M D A N T K I H U I U T C
F K R G N S I S G T R V W S O C
W I B E J C R D E V Y T Z A G B
A R P U A S A L P S G K B P A B
O Y O Y A O L L E S W A P A F H
E L S J W J K G Y E E K G I T E
```

MANDOLIINI	TAMBURIINI
BANJO	PIANO
KLARINETTI	SAKSOFONI
FAGOTTI	RUMPU
HUILU	PASUUNA
HUULIHARPPU	TRUMPETTI
GONG	KITARA
HARPPU	VIULU
MARIMBA	SELLO
OBOE	

39 - Adjetivos #2

```
L U O N N O L L I N E N Q P H N
K K U U L U I S A V A T T O U T
U P Y U Q J Y W V V N P I Z K O
I K N E N I L L U U T S A V U A
V C F T S J P S N P W U V Z U L
A A O C L R E Ä A O F S G Z M Q
D T W I H R Ä K R K R I Y S A J
W S Y B W D B I J G A M I I O P
Y R A L F P G L D R A J A V B I
A P U H D A S Y R A A V H A V J
V I V B K Y P Y P A K S U A L V
L B T V O D R T L Z U W U K L I
N A J O C E N E N I A L O U S N
K U V A U S M R R S P N T J C S
Q J L P Y L A V O U L E W U B G
V I L L I A U E C U J G J F R I
```

AITO	UUSI
LUOVA	YLPEÄ
KUVAUS	TUOTTAVA
LAHJAKAS	PUHDAS
TYYLIKÄS	KUUMA
KUULUISA	VASTUULLINEN
VAHVA	SUOLAINEN
PAKSU	TERVE
LUONNOLLINEN	KUIVA
NORMAALI	VILLI

40 - Roupas

```
E C S F U H P Ä K N E K F E S K
S L J H K Ö Y V Ä F M H A V N A
I T O U M R J Z S A K I M P A U
L A R M E Q A U I R N T J T E L
I K E H V M M Y N K B W C A L A
I U S C K M A W E U A G I U P K
N S U I H A M H E T G G I C U O
A R P H N A S O T D F C Y U Q R
R L Z A P I D U Q G I Q F Z Q U
Z W N F C U G S M O K K E M U V
P A I T A P T U F L K K O J K I
Q U R H J V B T I L A A D N A S
Q F V I L L A P A I T A A U I Z
U H B N G U L T Q H H U I V I G
R G W C I H W O J U C T N E P O
E A R M B Å N D K J E I S V U Y
```

ESILIINA   KÄSINEET
PUSERO   SUKAT
HOUSUT   MUOTI
PAITA   PYJAMA
HATTU   ARMBÅND
VYÖ   HAME
KAULAKORU SANDAALIT
TAKKI   KENKÄ
FARKUT   VILLAPAITA
HUIVI   MEKKO

41 - Herbalismo

```
K S O Q Y Y O U N B T Q R V M L
M O C P V I H R E Ä R U I Q U A
A H R A T U U P U H P M J I Q V
U V M I L O K N E F Y H N U S E
S A E W A K I L I S A B A Y G N
T L I N E N I T T A A M O R A T
E K R E A Y T K U K K A W L K E
S O A N P I O E R H D L V A A L
A S M I C E N M R Y M S R A S I
H I I L M R R E A I A I A T V M
R P Q L A Z E S S Y L J K U I A
A U W Y K U V M I O F K U W S J
M L Z D U L Q D H L S T U S Q M
I I Z Ö I B J D E F J A N M N I
Q E R Y Q P P H M I M A A J M T
L B M H G R O S M A R I I N I L
```

MAUSTESAHRAMI	PUUTARHA
ROSMARIINI	LAVENTELI
VALKOSIPULI	BASILIKA
AROMAATTINEN	MEIRAMI
HYÖDYLLINEN	KASVI
KORIANTERI	LAATU
RAKUUNA	MAKU
KUKKA	PERSILJA
FENKOLI	TIMJAMI
AINESOSA	VIHREÄ

42 - Arqueologia

```
J  S  A  T  O  G  H  C  I  M  C  J  Q  P  C  K
Ä  I  T  I  U  B  T  I  Q  J  I  U  B  R  Y  Q
L  V  U  R  K  T  J  W  C  K  F  N  A  O  O  F
K  I  A  E  D  A  K  E  K  Y  Z  O  S  F  T  O
E  L  H  E  N  Z  K  I  K  M  M  H  I  E  E  S
L  I  F  T  O  L  K  A  J  T  G  D  A  S  M  S
Ä  S  Z  S  B  Y  D  H  U  A  I  E  N  S  P  I
I  A  I  Y  D  Q  T  H  B  S  O  T  T  O  P  I
N  A  J  M  M  D  I  A  M  S  I  T  U  R  E  L
E  T  Ä  A  N  T  I  I  K  I  N  U  N  I  L  I
N  I  Ä  A  R  V  I  O  I  N  T  I  T  B  I  S
L  O  N  O  T  A  M  E  T  N  U  T  I  S  Y  E
G  H  N  T  I  I  M  I  O  M  U  C  J  A  T  E
R  B  E  Z  Z  P  A  U  P  O  L  O  A  Y  Y  W
F  R  A  G  M  E  N  T  T  E  J  A  J  T  N  T
A  N  A  L  Y  Y  S  I  W  H  S  B  J  D  K  I
```

ANALYYSI	FOSSIILI
ANTIIKIN	FRAGMENTTEJA
ARVIOINTI	TUTKIJA
SIVILISAATIO	MYSTEERI
JÄLKELÄINEN	OBJEKTI
TUNTEMATON	LUUT
TIIMI	PROFESSORI
AIKAKAUSI	JÄÄNNE
ASIANTUNTIJA	TEMPPELI
UNOHDETTU	HAUTA

43 - Esporte

```
F  F  R  H  L  F  S  M  L  P  B  Z  E  O  V  A
S  U  U  V  H  A  V  M  N  U  M  W  Q  H  A  R
U  Y  K  Y  K  V  D  T  M  Y  U  P  H  J  L  L
M  C  D  O  J  B  J  I  F  H  J  T  P  E  M  U
E  R  U  Ä  S  C  J  R  O  M  G  U  W  L  E  D
S  E  Q  L  N  T  S  Y  F  M  M  R  T  M  N  V
T  U  R  H  E  I  L  U  U  R  I  Y  E  O  T  E
I  M  M  T  T  S  T  S  R  U  V  S  S  I  A  N
V  P  V  W  I  S  O  D  H  O  K  Y  K  D  J  Y
A  J  S  H  O  N  G  R  E  K  N  E  A  A  A  T
R  H  L  Q  V  A  G  Y  I  A  Y  V  H  F  M  T
K  E  H  O  A  T  J  O  L  V  C  R  I  A  N  E
Q  V  E  L  T  R  P  U  I  A  V  E  L  Y  K  L
N  H  Ö  L  K  K  Ä  U  J  L  K  T  S  N  K  Y
P  Y  Ö  R  Ä  I  L  Y  A  I  L  E  W  A  A  H
K  E  S  T  Ä  V  Y  Y  S  O  V  J  D  B  R  G
```

VENYTTELY	HÖLKKÄ
URHEILIJA	MAKSIMOIDA
KYKY	LIHAKSET
SYDÄN	RAVITSEMUS
PYÖRÄILY	TAVOITE
KEHO	LUUT
TANSSIT	OHJELMOIDA
RUOKAVALIO	KESTÄVYYS
URHEILU	TERVEYS
VAHVUUS	VALMENTAJA

44 - Agronomia

```
H Y M P Ä R I S T Ö Y T E V R K
K E S T Ä V Ä T I E D E R F O E
V E S I Y M M W Z B R N O W L Q
M S S N K Q J O O V N E O T D E
S A I G O L O K E J E M S E Q L
Y J A I G R E N E K B E I D F R
U P O P O B U J P N A I O U M A
M V D F E R N U D E S A A M M M
P I S D H R E G P J Y C V R U P
V H W A N B Ä O F N O C M I P N
C A N D K L A N N O I T E A T G
O N E N I N A A G R O V P S F T
G N I N S N E R U R O F W F P W
A E T U O T A N T O K V N E G F
M S U O L A T A A M P K K Q G M
P S B N T S Y S T E E M I T Q L
```

MAATALOUS
YMPÄRISTÖ
VESI
TIEDE
KASVU
SAIRAUDET
EKOLOGIA
ENERGIA
EROOSIO
LANNOITE

VIHANNES
ORGAANINEN
KASVIT
FORURENSNING
TUOTANTO
MAASEUDUN
SIEMENET
SYSTEEMIT
MAAPERÄ
KESTÄVÄ

45 - Frutas

```
A  J  R  A  M  T  I  V  S  M  U  P  N  R  V  A
N  P  C  L  Z  T  L  I  K  I  A  R  F  B  G  V
E  W  R  B  Y  Ø  S  I  V  L  T  N  L  J  P  O
M  I  E  I  R  N  O  K  G  A  O  R  G  R  I  K
O  R  J  Z  K  S  Y  U  N  U  V  T  U  O  S  A
S  R  B  G  G  O  Ä  N  Y  R  Ä  Ä  P  U  S  D
K  U  K  H  Q  K  O  A  V  A  U  G  S  R  N  O
K  I  I  V  I  O  B  S  V  A  D  E  L  M  A  A
P  K  R  V  D  K  A  A  I  K  Q  L  I  O  R  K
O  N  A  H  V  Z  N  N  T  K  Q  Ä  Z  U  O  K
B  N  A  S  W  I  A  A  F  I  V  P  W  Y  F  I
O  E  K  Y  L  M  A  N  I  S  K  Y  K  W  N  S
V  E  W  K  A  I  N  A  J  R  E  R  K  U  V  R
T  N  K  A  D  R  I  G  Y  I  A  O  E  A  Q  E
B  F  Q  W  Y  R  R  E  B  K  C  A  L  B  B  P
Z  L  V  N  E  K  T  A  R  I  I  N  I  Y  U  H
```

AVOKADO	GUAVA
ANANAS	KIIVI
BLACKBERRY	ORANSSI
MARJA	SITRUUNA
BANAANI	OMENA
KIRSIKKA	MANGO
KOKOSNØTT	NEKTARIINI
APRIKOOSI	PÄÄRYNÄ
VIIKUNA	PERSIKKA
VADELMA	RYPÄLE

46 - Corpo Humano

```
O D G W I J A L K A K V B K W R
H L T O V I A U G V A E E Ä V T
I A K K L I N L N R U R P S B F
M Q Y A O N C L W O L I P I L R
R D H B P N Z O S K A W D I Q A
O O H V N Ä Ä P R Ä N Y Y K Y T
S F A Z N D Ä C T M I L J Z U V
L M B O K Y G N B L F R K W O F
O E P S B S H G N I Q L L I I Y
P V U H Y P U A U S G C O Q A N
Y G U K P K U J L R C F T G N Y
L B S S A D L U Z L Y Q S H T Y
M I M N G D E L N E N Ä A I I K
O Q J L Y Q T H F J Q G P W M S
H Z Y G E V A T P U C D E Ä P Z
O D O U N D S J O N L T M F Ä O
```

SUU	SILMÄ
PÄÄ	OLKAPÄÄ
AIVOT	KORVA
SYDÄN	IHO
KYYNÄRPÄÄ	JALKA
SORMI	KAULA
POLVI	LEUKA
HUULET	VERI
KÄSI	OTSA
NENÄ	NILKKA

47 - Restaurante #1

```
L K M A U S T E I N E N V H N J
V A J I L I O J R A T F Q F V F
C N P G J Ä L K I R U O K A R G
B A K R Y Y O K N F N K V E C K
O R Q E V D U Q A P U Q U N W A
G Y Y L L M Q A N Q H T I L R K
Y K R L Y E A E W G S G S Y H V
M R A A D D S M N J I R W V P O
C N Z H R P R O I U M L V A J W
L E V Y V Ä S K S W V C Ö R Q N
K N T E V I P K T O D A I A W V
Q I P S L A N I I L S A T U A L
T A B M W C O L E Z C J T S Z L
W L I H A H U A V L F A I U U Z
S Y Ö D Ä J W V O Z J B E I N A
G Q H F O K A S T I K E K W F M
```

ALLERGIA	AINE
KAHVI	VALIKKO
LIHA	KASTIKE
SYÖDÄ	LEIPÄ
KEITTIÖ	MAUSTEINEN
VEITSI	LEVY
KANA	VARAUS
TARJOILIJA	JÄLKIRUOKA
LAUTASLIINA	KULHO

48 - Caminhada

```
W  R  H  L  L  S  U  I  L  U  O  N  T  O  B  I
D  Z  R  V  E  W  W  L  P  L  A  D  A  I  G  I
B  T  Y  U  S  R  E  M  D  O  S  B  R  W  A  H
A  C  U  O  O  D  T  A  A  P  P  A  A  S  T  P
T  U  D  R  Z  U  T  S  T  L  L  J  A  P  W  W
T  J  R  I  V  I  K  T  N  U  R  N  V  U  C  P
R  J  Y  I  S  Ä  Ä  O  U  U  A  Z  T  I  I  A
A  O  O  A  N  M  S  A  U  P  S  Y  H  S  V  R
K  V  E  S  I  K  D  K  S  F  K  L  A  T  C  N
K  A  L  L  I  O  O  V  O  T  A  M  Q  O  A  U
E  L  Ä  I  M  E  T  R  Ä  K  S  B  N  T  M  W
L  Y  Z  L  F  L  T  N  Y  S  O  W  O  Y  P  F
E  Z  O  L  K  L  C  P  K  M  Y  U  R  E  I  D
H  V  U  I  D  O  R  D  C  Z  C  N  S  S  N  F
P  V  M  V  H  G  B  B  D  J  K  D  Y  I  G  I
L  T  A  V  B  F  M  P  N  N  O  K  E  T  H  R
```

CAMPING	SUUNTA
ELÄIMET	PUISTOT
VESI	KIVI
SAAPPAAT	KALLIO
VÄSYNYT	VAARAT
ILMASTO	RASKAS
KOKOUS	VILLI
KARTTA	AURINKO
VUORI	SÄÄ
LUONTO	

49 - Biologia

```
P D J M J K O L L A G E E N I H
G R F F O K O A F W Z Q T N U O
M F O M R E H I S O O M S O H R
N A I T K R O M O S O M I D I M
E N T N E I M O W B F A N J N O
U V A E G I W T H A O G Q S E N
R I A D L H I A S K T V G Ä N I
O F T A E I M N E T O A L K I O
N F U A N S J A I E S F T Ä L I
I L M N T O E A S E Y G N S L T
N L Y O S O D E P R N U U I O U
S O L U Y I N J A I T D J N N U
C L Q W Y B R W N T E P N K N L
P W T H M M P Y Y E E N C P O O
W U V M I Y E K S H S W M Z U V
D U G E S S L U F O I I A I L E
```

ANATOMIA
BAKTEERIT
SOLU
KOLLAGEENI
KROMOSOMI
ALKIO
ENTSYYMI
EVOLUUTIO
FOTOSYNTEESI
HORMONI

NISÄKÄS
MUTAATIO
LUONNOLLINEN
HERMO
NEURONI
OSMOOSI
PROTEIINI
MATELIJA
SYMBIOOSI
SYNAPSI

50 - Beleza

```
D  J  L  P  S  U  Q  I  H  C  P  N  R  N  V  F
O  T  H  S  T  H  B  O  O  Ä  E  L  I  S  I  D
W  Z  Y  I  Y  U  L  E  R  N  I  R  T  E  E  R
Z  W  T  U  L  E  V  L  A  P  L  K  F  L  H  S
I  R  Ä  V  I  S  P  I  R  A  I  Z  I  E  Ä  W
H  B  F  R  S  P  N  S  A  K  S  E  T  G  T  P
N  E  G  O  T  O  F  Ä  K  P  N  W  S  A  Y  U
N  H  G  U  I  M  H  K  K  T  W  Y  E  N  S  K
L  S  K  S  C  R  S  I  I  F  T  T  P  S  D  I
W  I  H  M  G  A  H  L  I  Ö  B  J  P  S  T  H
M  E  P  Z  R  L  A  Y  T  V  L  B  E  I  U  A
G  E  K  R  F  V  M  Y  E  T  B  J  L  I  O  R
C  W  I  E  F  Ä  P  T  M  U  G  S  Y  M  K  A
V  T  R  K  P  R  O  E  S  K  N  V  B  T  S  T
P  K  B  W  K  I  O  G  O  I  R  I  O  B  U  O
M  B  Q  Q  A  I  H  Y  K  N  A  G  Y  R  P  C
```

LEPPESTIFT	TUOKSU
KIHARAT	ARMO
VIEHÄTYS	MEIKKI
VÄRI	ÖLJYT
KOSMETIIKKA	IHO
TYYLIKÄS	RIPSIVÄRI
ELEGANSSI	PALVELUT
PEILI	SILEÄ
STYLISTI	SAKSET
FOTOGEN	SHAMPOO

51 - Filantropia

```
N H G H O B O P L W T Ä M H Y R
F U T O D E I T S Y E T H Y P S
J U L K I N E N C A H T S H G S
L S Z M M L H D F N D N R K P U
V H A G L R K N T W L A P S E T
I W I A T B W B E A I R O U N I
V Q F W U B A S E I M V I G R O
E B K A T T U T T R V L H Q A H
W E T U B A T G S O A H E W T A
T E E T T I O V A T G Z K J E R
H Ö S I E T H Y A S R L G Z H Z
T F I I G O Y V H I V G L J T O
A T M N Z I S D J H S A T Q Ä T
V I H M I S K U N T A M R R V K
L T I L A H J O I T T A A A Ä M
R E H E L L I S Y Y S Z H H T I
```

YHTEISÖ	HISTORIA
YHTEYSTIEDOT	REHELLISYYS
LAPSET	IHMISKUNTA
HAASTEET	NUORI
LAHJOITTAA	TEHTÄVÄ
RAHOITUS	TAVOITTEET
VARAT	IHMISET
GAVMILDHET	OHJELMAT
RYHMÄT	JULKINEN

52 - Família

```
L A P S I V L L A G R N A I P L
D Z P L V H V A F T F H R Y O E
K Y C H E M E W P M M H O S J M
J O U U L V L P Q S E I M N A H
I O K S I S J I I L E D G E N B
S M K U R Q E T Y E F T I C P T
Ä I R U I J N I D I Ä Q H G O C
T A E S O Q P Ä Z Y G N Y L I N
E V S P V V O O S H P O G F K Q
S W A A G R I S N I E C C R A J
J W D L S U K I H R A F M A T S
Z L I Y O T A A I Z Ä B A Z M B
N Y P Z O E T B Z L I T Ä T U E
J G J U R W Z T K R T C Y I W Z
T A L K A G M H H N I H J T V N
H M H V E L J E N T Y T Ä R V O
```

STAMFAR	ÄIDIN
ISOÄITI	ÄITI
LAPSI	POJANPOIKA
LAPSET	ISÄ
VAIMO	ISÄN
TYTÄR	SERKKU
LAPSUUS	VELJENTYTÄR
SISKO	VELJENPOIKA
VELI	TÄTI
MIES	SETÄ

53 - Férias #2

```
N  J  I  M  U  S  I  I  V  M  Q  Q  H  V  V  U
E  V  R  A  Q  F  H  C  A  P  P  O  F  W  A  D
N  M  A  T  K  A  M  O  L  A  T  N  A  R  P  G
I  Z  A  H  P  O  P  S  O  S  A  H  W  C  A  B
A  E  S  A  T  T  L  E  T  S  V  N  M  L  A  Y
L  K  Z  W  E  F  H  S  N  I  U  M  M  E  R  I
A  P  W  N  R  T  U  P  I  S  K  A  T  D  V  P
A  G  I  O  O  Q  O  L  V  A  L  B  E  H  I  S
M  U  P  S  U  O  K  D  A  A  O  F  C  O  W  J
O  K  I  U  V  M  K  L  R  O  W  I  O  K  Q  O
K  H  O  T  E  L  L  I  K  A  R  T  T  A  K  L
L  N  D  E  E  I  V  A  R  A  U  K  S  E  T  W
U  T  Z  J  W  B  E  O  A  I  Z  N  Q  Q  V  A
G  V  Y  L  W  F  H  U  S  F  G  O  S  S  W  R
A  T  B  U  W  J  C  T  Z  L  Y  I  N  V  M  B
M  I  V  K  F  O  I  R  B  L  R  G  R  I  U  D
```

LUFTHAVN	VUORET
KOHDE	PASSI
ULKOMAALAINEN	RANTA
LOMA	VARAUKSET
KUVAT	RAVINTOLA
HOTELLI	TAKSI
SAARI	TELTTA
VAPAA	KULJETUS
KARTTA	MATKA
MERI	VIISUMI

54 - Edifícios

```
S R H T O R N I B P R K H T L S
C B Z M U S E O T T I V I K Ä U
O L U J I Y L I O P I S T O H P
T F E A R Z D L A V U K O L E E
O E I D E Y O T L C P J W U T R
B Z H A T R I K E I F A Q K Y M
S G Q D T O R F C L N M A O S A
E I L L A T O T U A T N L U T R
R M H S E S T P T W O T A L Ö K
V A O M T I A S S H U C A U L E
A A T E Y E R F S C S S R U N T
T T E O R N O I D A T S I U J Z
O I L Y D O B E J R R K A U U O
R L L F Y U A B I B G P S T H H
I A I O H H L T H Y F E A I O O
O H M T R B I B M B N B I B Y L
```

HUONEISTO
LINNA
LATO
ELOKUVA
LÄHETYSTÖ
KOULU
STADION
MAATILA
TEHDAS
AUTOTALLI

SAIRAALA
HOTELLI
LABORATORIO
MUSEO
OBSERVATORIO
SUPERMARKET
TEATTERI
TELTTA
TORNI
YLIOPISTO

55 - Xadrez

```
V R B H B P M E S T A R I L E P
N A Q U D Y E F D R K H U B T A
W T L G N Z A L P L T P H N U P
U S S K Q B I U A A C Z R E R L
E U T O O V K W K A R B A N N V
V M R P A I A D S Z J P T I A U
C A U T J Z N B G V S A A L U E
H J L U Q O U E R L F C D A S M
R A I P P O K F N R V O V A F S
Q T A I G E T A R T S E F N R Ä
J S P S A G N I N U K G U O T Ä
Z U L Y T S C D Q E W J F G R N
Z T I T N E N I V I I S S A P N
D S K K V B E B J A R L K I F Ö
C A S V I U M T I D T R Y D I T
Y V V K U N I N G A T A R E R W
```

OPPIA	VASTUSTAJA
VALKOINEN	PASSIIVINEN
MESTARI	MUSTA
KILPAILU	KUNINGATAR
HAASTEET	SÄÄNNÖT
DIAGONAALINEN	KUNINGAS
STRATEGIA	UHRATA
PELAAJA	AIKA
PELI	TURNAUS

56 - Aventura

```
I N A V I G O I N T I C E T T V
A N C H V U I M Y M M J H O U A
B F N Z U Ä V Ä T S Y E A I R A
Q Y I O W V D M V J W U A M V R
W O H R S Ä A S T R V U S I A A
G F L Z N T R E T K I S T N L L
Y S S V O T U J A R A I E T L L
Z Q C O K Ä J S P Y I D E A I I
B L H O O L I U V A W L T F S N
P G S B H L F E S M A T K A U E
I V E K D Y A K L U O N T O U N
U E T Y E V F I D V E W V M S N
A A T S U K T A M F C N I B G V
H O P L V T W V I Y M M U N S R
Z R R S U U S I L L O D H A M G
E P Ä T A V A L L I N E N B K J
```

ILO
YSTÄVÄ
TOIMINTA
KAUNEUS
MAHDOLLISUUS
HAASTEET
KOHDE
VAIKEUS
INNOSTUS
RETKI

EPÄTAVALLINEN
MATKA
LUONTO
NAVIGOINTI
UUSI
VAARALLINEN
TURVALLISUUS
YLLÄTTÄVÄ
MATKUSTAA

57 - Cidade

```
S  K  C  U  M  L  Y  E  G  E  D  T  A  H  K  L
K  A  I  W  G  F  S  P  N  A  U  H  T  V  B  E
I  L  L  R  J  T  A  Q  O  K  L  A  M  T  C  I
R  S  A  O  J  H  E  T  T  K  U  L  Z  E  Z  P
J  F  P  E  N  A  W  A  S  I  O  O  E  K  J  O
A  A  T  L  O  K  S  Q  I  N  K  T  B  R  H  M
K  Q  E  Ä  I  L  I  T  P  I  S  N  I  A  I  O
A  E  E  I  D  U  L  W  O  L  A  I  L  M  R  A
U  L  K  N  A  F  L  K  I  K  D  V  P  R  E  N
P  O  K  T  T  E  K  L  V  Z  A  R  E  T  I
P  K  I  A  S  H  T  T  Y  C  S  R  R  P  T  K
A  U  R  R  C  A  O  P  A  N  K  K  I  U  A  K
V  V  R  H  S  V  H  C  G  T  R  T  U  S  E  R
O  A  G  A  E  N  O  D  M  L  P  W  P  D  T  A
S  J  F  K  O  S  Q  E  F  H  H  E  B  Y  P  M
N  R  P  D  Z  M  U  S  E  O  B  L  B  H  Q  W
```

LUFTHAVN
PANKKI
KIRJASTO
ELOKUVA
KLINIKKA
KOULU
STADION
APTEEKKI
GALLERIA
HOTELLI

ELÄINTARHA
KIRJAKAUPPA
MARKKINA
MUSEO
LEIPOMO
RAVINTOLA
SALONKI
SUPERMARKET
TEATTERI
YLIOPISTO

58 - Música

```
M H D I E D D W C O U N P L M H
U B A L L A D I D U D T Y A I A
U W J K R M U S I I K K I U K R
S J B N U D W C M K P K N L R M
I I B M N E N I S S A L K A O O
K A D I O S I V O R P M I J F N
K E N I L Ä V L V Y O L M A O I
O W P A L I E A A Ä U Y U Q N A
H D B T I D Ä U Z Ä O Y B R I Y
A V A E N D S L D N O R L F M J
L G V M E V O U U I P I A S T Q
Y R O P N S T L U T P N M T Y W
B U B O M C R F E E E E S Q R M
V A W L M H E Z T M R N P U M Y
L A U L A A K R F R A Y U C A Y
C M B E D R J E U L T T K G Q E
```

ALBUMI
BALLADI
LAULAA
LAULAJA
KLASSINEN
KERTOSÄE
ÄÄNITE
HARMONIA
IMPROVISOIDA
VÄLINE

LYYRINEN
MELODIA
MIKROFONI
MUSIIKKI
MUUSIKKO
OOPPERA
RUNOLLINEN
RYTMI
TEMPO
LAULU

59 - Matemática

```
S P A T T I M S Y R Ä P M Y M T
A U A C K W M H Y F G V M R Z I
K H O Q A I R T E M O E G Q D L
I A Ö R O Q H W C E M P O Z R A
N L I L A A M I S E D E A B S V
N K L T I K G E S D W K T M A U
U A E A J K U Ö T Ä H E K R B U
U I N M F O K L O N D P O S I S
S S S L N L E Ä M J L E U K G A
T I Y U W M A T V I V Z J P C N
Y J D K W I U H F V O S U M M A
T A A F S O A Y C Q T G Z T K H
E K S P O N E N T T I V Y O K W
M O N I K U L M I O Y A T S P Z
R I N N A K K A I N E N S B W M
A R I T M E E T T I N E N G F U
```

ARITMEETTINEN	SUUNNIKAS
KULMAT	KEHÄ
YMPÄRYSMITTA	MONIKULMIO
DESIMAALI	NELIÖ
HALKAISIJA	SÄDE
YHTÄLÖ	SUORAKULMIO
EKSPONENTTI	SYMMETRIA
JAE	SUMMA
GEOMETRIA	KOLMIO
RINNAKKAINEN	TILAVUUS

60 - Saúde e Bem Estar #1

```
W  I  R  Ä  K  Ä  Ä  L  Q  Y  N  L  Ä  Ä  K  E
J  T  E  L  I  H  A  K  S  E  T  Ä  Y  A  K  D
S  H  N  V  R  G  W  D  F  S  J  K  L  I  Z  R
D  Y  T  C  Z  D  D  L  M  N  F  V  P  K  A  J
D  R  O  K  H  Z  I  F  S  S  I  J  N  K  Ä  M
E  E  U  U  O  M  U  R  T  U  M  A  I  E  R  D
B  F  T  I  L  R  W  H  P  R  Q  K  H  E  O  W
A  L  U  I  I  O  K  A  Z  I  O  K  N  T  C  R
I  E  M  A  O  Z  E  E  O  V  F  I  F  P  U  S
P  K  I  I  V  M  H  M  U  K  K  N  Y  A  Z  K
A  S  N  S  L  I  B  T  L  S  F  I  N  D  R  T
R  I  E  U  P  H  I  A  U  K  U  L  C  H  H  Z
E  Y  N  S  I  O  J  Y  U  E  S  K  S  F  O  R
T  O  T  T  U  M  U  S  T  O  M  R  E  H  I  Q
H  J  N  M  A  K  T  I  I  V  I  N  E  N  T  F
Y  Z  B  A  K  T  E  E  R  I  T  R  O  I  O  C
```

KORKEUS	LIHAKSET
AKTIIVINEN	HERMOT
BAKTEERIT	LUUT
KLINIKKA	IHO
LÄÄKÄRI	RYHTI
APTEEKKI	REFLEKSI
NÄLKÄ	RENTOUTUMINEN
MURTUMA	TERAPIA
TOTTUMUS	HOITO
LÄÄKE	VIRUS

61 - Imigração

```
U A S I A K I R J A J A R V P H
L P B F A S A G G Y Y E A J R Y
E I S S E R T S J K U Y A J O V
T G U E N W Ä Q U L E J O U S Ä
T K T P E L T S A M N O C N E K
O A I J I R N U D Q I S O R S S
V I O O Z A I L E I K N Z N S Y
U K H C S P T W N K A D E D I N
E U A L I O S N N S L E S N H T
N I R T I N E T A K A R A J A Ä
U S E O T N I L L A H A G B C U
U E M N E E V P I C Y O N T T A
C T F G S L S D T T E N L T E R
W D U V W Z B P R A T K A I S U
O G D U L N F F A R V A V U B F
G P Z H L B F R O L M B W G V I
```

HALLINTO
AIKUISET
HYVÄKSYNTÄ
VIESTINTÄ
LAPSET
ASIAKIRJA
STRESSI
RAHOITUS
RAJA
ASUMINEN

LAKI
KIELI
NEUVOTTELU
UPSEERI
TAKARAJA
PROSESSI
SUOJELU
TILANNE
RATKAISU

62 - Natureza

```
R W D I Z V S D H D O A F P E S
J O V F K U U M T Z C P P W L H
V I L L I O O K K I V A A S Ä P
T S A S R R J N Q P G D A S I D
E O N L F E A U D M K S Q D M T
Q O S P J T D C J S E P N Ö E U
Y R N E N I P P O O R T E K T A
S E L J Ä Ä T I K K Ö T S K J Q
N U M C P E L D H R N Y U Ä N T
C T M G P A S W Z I E L E H I Ä
J Y A U L E H T I E N S N Y F R
D Y N A A M I N E N I V U P N K
M E H I L Ä I N E N T U A T D E
S L B L B Y M Y M O K B K N G Ä
P I L V I O N C K A R H H M D K
O P S O N E N I L L A H U A R J
```

MEHILÄINEN	JÄÄTIKKÖ
SUOJA	VUORET
ELÄIMET	SUMU
ARKTINEN	PILVI
KAUNEUS	JOKI
AAVIKKO	PYHÄKKÖ
DYNAAMINEN	VILLI
EROOSIO	RAUHALLINEN
METSÄ	TROOPPINEN
LEHTIEN	TÄRKEÄ

63 - Doença

```
I  M  D  M  R  G  S  U  D  H  E  L  U  T  E  J
T  M  V  J  K  C  Y  M  V  L  Y  E  T  O  E  I
H  R  M  N  N  D  D  L  E  R  C  C  L  A  K  L
O  K  H  U  E  K  Ä  T  A  R  T  T  U  V  A  H
Z  D  A  S  N  M  N  I  A  S  Z  Q  H  B  L  T
K  V  K  Y  I  I  N  E  U  R  O  P  A  T  I  A
R  A  U  N  L  H  T  O  I  L  C  Q  Y  J  R  R
O  L  U  D  L  C  E  E  L  A  B  M  U  L  E  W
O  L  T  R  Ö  Y  B  I  E  T  Q  K  O  H  E  K
N  E  T  O  N  B  A  P  K  T  E  M  J  L  T  F
I  R  I  O  N  Y  Q  P  W  K  T  R  J  J  K  N
N  G  Y  M  I  F  E  N  S  W  O  I  A  K  A  M
E  I  L  A  R  H  E  N  G  I  T  Y  S  P  B  H
N  A  U  P  E  T  E  R  V  E  Y  S  C  H  I  Y
N  U  U  F  P  R  G  C  M  M  D  G  U  Y  R  A
H  K  T  M  V  A  T  S  A  P  G  M  J  H  B  E
```

VATSA	IMMUNITEETTI
AKUUTTI	TULEHDUS
ALLERGIA	LUMBALE
BAKTEERI	NEUROPATIA
TARTTUVA	LUUT
SYDÄN	KEUHKO
KEHO	HENGITYS
KROONINEN	TERVEYS
HEIKKO	SYNDROOMA
PERINNÖLLINEN	TERAPIA

64 - Aquecimento Global

```
B E C O T S A M L I B K A S L N
D Y P G P I S I I R K K R U A T
E C Y Ö T S E Ä V P L O K K I U
L N L J U W C D L Z S C T U N L
Ä Y E Z E B U Ä E D I K I P S E
M M J R C U G V Z M M Y N O Ä V
P P W D G O U Ä A E I I E L Ä A
Ö Ä R K O I S T Y N B E N V D I
T R Y T C M A T Y H A V S I Ä S
I I F G C O A I I C G Z U R N U
L S Y L A U K K T E E Y T T U U
A T A N E H M R H A O N I S Ö S
T Ö F O Z T I E D O T F L U U I
K E H I T Y S M U V E Y L D H B
F T U O R U F S F Z R Q A N H I
V F F S T Q E U S N N E H I Y F
```

NYT	TULEVAISUUS
YMPÄRISTÖ	KAASU
HUOMIO	SUKUPOLVI
ARKTINEN	HALLITUS
TIEDEMIES	INDUSTRI
ILMASTO	LAINSÄÄDÄNTÖ
KRIISI	VÄESTÖ
TIEDOT	MERKITTÄVÄ
KEHITYS	LÄMPÖTILAT
ENERGIA	

65 - Aviões

```
P  P  I  E  A  H  D  N  A  V  I  G  O  I  D  A
I  O  I  R  A  K  E  N  T  A  M  I  N  E  N  M
S  L  L  R  Z  P  W  S  B  Y  U  B  Y  L  A
T  H  M  T  O  I  L  M  A  P  A  L  L  O  J  T
T  P  P  A  T  H  F  V  O  W  I  H  N  J  K
W  J  A  I  R  O  T  S  I  H  Q  A  H  N  D  U
K  N  I  U  H  M  A  I  A  H  E  K  T  Ä  Ä  S
U  E  M  L  E  U  G  I  T  C  U  K  V  V  U  T
R  L  M  D  O  G  U  Q  N  E  W  I  I  V  O  A
P  E  Y  W  O  N  J  H  E  E  Z  E  H  A  H  J
B  I  T  B  A  L  A  T  N  U  U  S  U  G  N  A
M  I  E  H  I  S  T  Ö  I  K  Y  M  W  U  W  J
U  F  V  T  R  L  H  P  A  S  U  E  K  R  O  K
M  O  O  T  T  O  R  I  M  A  H  S  I  A  E  A
R  U  F  Y  B  K  V  Q  L  L  W  L  E  K  F  U
Z  F  W  K  F  T  N  L  I  O  U  E  O  S  G  M
```

KORKEUS	SUUNTA
ILMA	VETY
LASKU	HISTORIA
ILMAINEN	MOOTTORI
SEIKKAILU	NAVIGOIDA
ILMAPALLO	MATKUSTAJA
TAIVAS	PILOTTI
POLTTOAINE	SÄÄ
RAKENTAMINEN	MIEHISTÖ

66 - Tipos de Cabelo

```
V  Ä  V  Ä  T  L  I  I  K  K  J  F  P  O  P  M
P  E  A  E  K  S  U  R  Q  A  P  Q  Q  H  D  F
L  M  L  R  M  U  S  T  A  L  B  I  V  U  O  Z
J  H  K  H  A  E  T  M  O  J  L  P  T  T  M  S
Q  E  O  I  D  H  R  T  L  U  I  Z  Z  K  F  Z
B  P  I  M  G  O  I  P  E  Y  R  G  F  Q  Ä  E
S  Q  N  Y  D  I  C  K  V  K  I  H  A  R  A  T
K  F  E  C  Q  M  H  A  R  M  A  A  L  G  Z  C
V  Y  N  A  R  Z  L  A  E  T  P  I  S  I  Q  P
F  K  A  V  E  L  I  O  T  L  A  A  M  W  P  U
L  S  S  D  B  C  V  F  V  I  L  W  K  U  S  N
T  M  T  A  D  M  K  K  O  F  P  Q  L  S  A  O
T  P  S  E  I  T  U  P  U  N  O  T  T  U  U  S
J  Q  F  N  E  N  I  L  L  I  R  Ä  V  G  V  D
R  D  U  K  V  H  V  H  O  P  E  A  I  V  T  I
F  B  N  K  F  W  A  E  L  A  A  V  S  Y  C  B
```

VALKOINEN	PITKÄ
KIILTÄVÄ	RUSKEA
KIHARAT	AALTOILEVA
KALJU	HOPEA
HARMAA	MUSTA
VÄRILLINEN	TERVE
KIHARA	KUIVA
OHUT	PEHMEÄ
PAKSU	PUNOTTU
VAALEA	PUNOS

67 - Criatividade

```
I  O  I  T  I  U  T  N  I  K  R  R  D  R  V  I
D  T  G  A  T  N  Z  D  R  P  U  L  A  K  A  N
W  I  O  I  Z  M  N  S  K  J  O  V  P  Z  I  T
J  A  S  T  U  I  O  O  D  Z  Z  I  A  Q  K  E
I  T  E  E  K  B  W  B  I  F  F  O  T  V  U  N
M  E  Q  E  Q  A  W  K  F  T  Y  T  I  J  T  S
A  E  M  L  F  U  A  Y  Z  F  U  T  O  U  E  I
L  K  R  L  A  C  V  H  M  N  D  S  I  O  L  T
N  E  N  I  T  T  A  A  M  A  R  D  S  K  M  E
S  O  I  N  A  A  T  N  O  P  S  T  I  S  A  E
F  B  E  E  S  U  Z  M  K  O  A  I  V  E  D  T
Y  C  S  N  S  E  L  K  E  Y  S  M  D  V  O  T
I  L  M  A  I  S  U  W  T  N  Z  B  U  Q  I
E  L  I  N  V  O  I  M  A  B  N  D  Y  U  C  C
K  E  K  S  E  L  I  Ä  S  H  W  U  V  S  N  K
G  O  A  H  O  T  H  U  S  M  A  I  T  O  U  S
```

TAITEELLINEN   VAIKUTELMA
AITOUS   INNOITUS
SELKEYS   INTENSITEETTI
DRAMAATTINEN   INTUITIO
SPONTAANI   KEKSELIÄS
ILMAISU   TUNNE
JUOKSEVUUS   VISIOITA
TAITO   ELINVOIMA
KUVA

68 - Dias e Meses

```
S V H V P J O U L U K U U O V L
O Y B L G Q D Q W Q W S C E U A
Y J Y H E I N Ä K U U J C T O U
M H P S T O R S T A I M S Z S A
H A N N K S U N N U N T A I I N
N E A S S U U K O L E R M S A T
J F L N V J U P C W T F A U T A
E S S M A K E S Ä K U U R A N I
L I A V I N S R O M F T R K A R
C H F T W K T S J K V I A U J E
M F A E V M U A M T I I S U R T
L O K A K U U U I E I S K K E N
M T A M M I K U U E K T U Z P E
J E H U H T I K U U K A U L I L
D S R Y H U D R E H O I L M H A
J G D I U H U G M I W O V M G K
```

HUHTIKUU   KUUKAUSI
ELOKUU   MARRASKUU
VUOSI   LOKAKUU
KALENTERI   TORSTAI
JOULUKUU   LAUANTAI
SUNNUNTAI   MAANANTAI
HELMIKUU   VIIKKO
TAMMIKUU   SYYSKUU
HEINÄKUU   PERJANTAI
KESÄKUU   TIISTAI

69 - Saúde e Bem Estar #2

```
T O H Q W T Z S U H K V D F U S
M C Q R U B L A I M O T A N A I
F G V H R B Y I I R E V E F Y M
N S D K S P Q R D G M L V P T S
Y S V W S C A I G R E L L A U
P A I N O I E U Q F H E V R E T
R G E J Q W H S T H R R N T G A
I N F E K T I O H E K U E E E L
R U O K A H A L U K J O N M N U
H I E R O N T A E N H K I I E S
T E I N I I M A T I V A M E T N
V G T V Q W P B Z R P V Y L I A
R O D L W D I W S O Z A P I I O
N H J S A I R A A L A L L A K U
H Y G I E N I A P A G I E L K R
A V I O I K U O Q K R O V A A U
```

ALLERGIA
ANATOMIA
RUOKAHALU
KALORI
KEHO
RUOKAVALIO
RUOANSULATUS
SAIRAUS
ENERGIA
GENETIIKKA

HYGIENIA
SAIRAALA
MIELIALA
INFEKTIO
HIERONTA
PAINO
ELPYMINEN
VERI
TERVE
VITAMIINI

70 - Geografia

```
H  K  I  O  O  T  V  I  P  N  G  L  C  M  J  B
S  A  W  G  C  F  J  F  O  D  E  E  N  A  B  N
L  D  L  C  I  U  O  V  H  S  M  V  M  A  S  B
Q  M  M  V  S  B  S  C  J  H  A  E  E  S  P  W
Z  V  D  L  K  H  L  C  O  N  A  Y  R  S  D  J
E  T  S  A  S  U  U  T  I  P  N  S  I  A  W  N
A  L  U  E  A  P  L  Z  N  R  O  A  D  K  P  C
K  T  S  C  L  B  P  E  E  C  S  S  I  M  O  D
Q  O  A  I  T  P  I  P  N  V  A  T  A  E  R  J
B  Z  R  F  A  C  I  Q  H  U  E  E  A  R  O  F
P  F  H  K  L  Ä  N  S  I  O  J  B  N  I  F  C
O  R  C  C  E  I  O  N  L  R  C  Q  I  U  R  R
E  T  E  L  Ä  U  W  I  R  I  K  A  R  T  T  A
E  N  P  R  U  K  S  K  A  U  P  U  N  K  I  P
M  A  A  I  L  M  A  L  S  A  A  R  I  U  V  E
V  A  L  T  A  M  E  R  I  V  V  L  Z  N  K  J
```

KORKEUS	MERIDIAANI
ATLAS	VUORI
KAUPUNKI	MAAILMA
MAANOSA	POHJOINEN
HALVKULE	VALTAMERI
SAARI	LÄNSI
LEVEYSASTE	MAASSA
PITUUSASTE	ALUE
KARTTA	JOKI
MERI	ETELÄ

71 - Antártica

```
K  T  O  P  O  G  R  A  F  I  A  F  D  A  G  Y
M  I  T  I  E  T  E  E  L  L  I  N  E  N  D  M
A  B  V  L  J  V  L  L  D  I  L  Ä  E  F  C  P
A  S  N  I  V  A  S  A  V  G  N  Ä  N  J  H  Ä
N  A  I  T  N  Y  I  T  H  I  E  J  K  K  F  R
T  A  E  N  C  E  E  N  M  T  N  V  C  B  E  I
I  R  M  M  Q  D  N  U  I  Z  I  E  E  I  Q  S
E  E  I  Q  L  S  Y  K  T  W  M  T  T  S  D  T
D  T  M  R  U  Z  S  I  P  O  Ä  U  Y  R  I  Ö
E  V  A  M  B  L  F  K  N  O  T  T  U  U  M  C
S  V  A  O  I  L  D  T  C  V  T  K  C  R  L  T
M  A  A  N  O  S  A  E  D  A  Y  I  S  S  Y  G
I  S  B  R  E  E  R  R  J  L  L  J  M  V  W  S
L  Ä  M  P  Ö  T  I  L  A  A  I  A  K  A  I  O
M  I  N  E  R  A  A  L  I  S  Ä  P  P  U  B  H
P  I  N  G  V  I  I  N  I  T  S  V  N  B  G  T
```

YMPÄRISTÖ	MAANTIEDE
VESI	SAARET
LAHTI	TUTKIJA
VALAS	MUUTTO
TIETEELLINEN	MINERAALI
SÄILYTTÄMINEN	NIEMIMAA
MAANOSA	PINGVIINIT
RETKIKUNTA	KIVINEN
ISBREER	LÄMPÖTILA
JÄÄN	TOPOGRAFIA

72 - Flores

```
C N H G H G T L U B N B A A F A
P B M H J H S E U G O T Q E J U
V O I K U K K A R N M Z T D W R
P R M R K A I Q E Ä I L C I P I
J Ä D L I P Y H M N L K A K S N
A A I N E D R A G W Q E K R U G
S I L V R U U S U N U N H O C O
M L E E Ä I N A A P P L U T S N
I O T A N N Y V V R U P P M I K
I N N S H P K T P J L N F Y B U
N G E O U G B A L I I L D W I K
I A V D C N Q L K D B T V W H K
N M A J N F Z I B K D I D J A A
O W L B C K F P L Q A L I L J A
I E A Z L C K A Y C R R E P S D
P L U M E R I A D U F I A R H D
```

KIMPPU
VOIKUKKA
GARDENIA
AURINGONKUKKA
HIBISCUS
JASMIINI
LAVENTELI
LIILA
LILJA
MAGNOLIA

PÄIVÄNKAKKARA
ORKIDEA
UNIKKO
PIONI
TERÄLEHTI
PLUMERIA
RUUSU
APILA
TULPPAANI

73 - Fazenda #1

```
M G O K H J H C D L H F M J A S
E H P V I E Y A M V J U W R L O
H I I Q P S V F E Q C Z Y W Ä B
I W K L A E S O F V Q D L S N C
L H J V R L G A N A K V A R I S
Ä K F H V Y I T E E I A R U E R
I E Y Q I Y Z I Q H N Q I K H Y
N N B F S S O A O I Q D O Q S J
E T R I A G F L E H M Ä K H E A
N T Q F A G F N Q W M S C F U J
V Ä P C M S I K A V A S I K K A
R E T I O N N A L Y D B D U U I
I H S I H B T M A A T A L O U S
I L H I J A S R T S G Q U L I Z
S L D Z K Y S V U O H I N W H I
I H U N A J A Z H L K D H Y S A
```

MEHILÄINEN	AITA
MAATALOUS	VARIS
RIISI	HEINÄ
VESI	LANNOITE
VASIKKA	KANA
AASI	KISSA
VUOHI	HUNAJA
KENTTÄ	SIKA
HEVONEN	PARVI
KOIRA	LEHMÄ

74 - Livros

```
R W I M M K S A A F Z V L M S K
K U C E O W E K W M H W U E R R
E A N I R A T K R H N T K R U F
R J E O G K A T S I T O I K N U
T R N A B O N R F E F R J K O R
O A I N S K A A I Z L T A I U B
J S P K I O S A G P D I L A S T
A O P Z V E P G I Z V N Ä I I E
O F E U U L N I T C W A U S G K
B I E P F M N N S M A A H Y Y I
Z F C Q T A N E K D P M H D R J
I M S E S W S N E E M O U N V Ä
R E L E V A A N T I A R L G F R
L N S U U S I A N I S K A K M S
S G N K I C M O O H Z Z U A M H
Q B K H U L I A K K I E S N H A
```

TEKIJÄ   KERTOJA
SEIKKAILU   SANAT
KOKOELMA   SIVU
KONTEKSTI   MERKKI
KAKSINAISUUS   RUNO
SKRIFTLIG   RUNOUS
EEPPINEN   RELEVAANTIA
TARINA   ROMAANI
KEKSELIÄS   SARJA
LUKIJA   TRAAGINEN

75 - Chocolate

```
K P Z Q Z I K B K N L E I V I S
T A W Z J E O S A A W Q Y A A Z
G M L T O T K Y R W A R D E K L
C L Q O E Ä O Ö E B W K F M N R
Z L D U R N S D K G G S A C K U
P A W O H I N Ä T I S W B O I U
W N K O D K Ø K A R A M E L L I
J A U H E H T E K S O T I S K K
Q S B K M Ä T R E S E P T I A K
W I E H A P T N S O B Q L S I I
H T D K K A A K S L A A T U N S
F R O H U A A Z Z O Z F M Y E O
V A A I I M O R A E K A M F S U
H E R K U L L I N E N E T H O S
L W U J D U M K Q Z I Q R E S I
K A D Q C H G S R T S F J I A R
```

SOKERI
KATKERA
MAAPÄHKINÄT
AROMI
ARTISANAL
KAAKAO
KALORI
KARAMELLI
KOKOSNØTT
SYÖDÄ

HERKULLINEN
MAKEA
EKSOTISK
SUOSIKKI
MAKU
AINESOSA
JAUHE
LAATU
RESEPTI

76 - Governo

```
K A N S A K U N T A U I O L L S
Y S I K O N S T I T U S J O N R
M Y C T R A U H A L L I N E N J
S O Z S A L A K I S A P F M V I
V Q N U V R G K I E P J U C H Z
A B T U M S K W V U L J S H N W
L G U S M K F O G I L S T T E R
T R L I Q E N Q M A K U P V N U
I A E A J H N I B E Y E I A I V
O N T L C J C T B F D K I P L R
T A S A A R V O T F E I R A L G
U Y U S I L I I V I S O I U A N
S U K N S T M W S U E I J S S O
P C S A P O L I T I I K K A N L
N R E K R N F J O H T A J A A I
E U K S Y M B O L I Y H S L K K
```

KANSALAISUUS
SIVIILI-
KONSTITUSJON
DEMOKRATIA
PUHE
KESKUSTELU
PIIRI
VALTIO
TASA-ARVO
RETTSLIG

OIKEUS
LAKI
VAPAUS
JOHTAJA
MONUMENTTI
KANSALLINEN
KANSAKUNTA
RAUHALLINEN
POLITIIKKA
SYMBOLI

77 - Jardinagem

M D C N W G S B B J D F E D C F
V A H R A T Ä M L E D E H E T K
S E A V U A P U U N L E H T I U
K Y S P O N Y P J U M N K I Z K
S K Ö I E B Z P L E T K U J W K
I E O T T R P M H I E Z J A O A
E A O V Ä W Ä I O T S A M L I K
M H C Y Z V A K M S Y I Ö V O O
E Y E U K Q Ä E K S O T I S K M
N E I T H E L L K U T V L B F P
E D E Y F S F I R E A M I R F O
T M N V I N R K K T L B Ä E D S
Q S C Q H B V A A S J H S N L T
Y I W J Q I H G U O O R Q T C I
L A M P F Z R Y S K K O B J R J
Z T W G R C C E I O L A N K Z R

VESI   LEHTIEN
KIMPPU   LETKU
ILMASTO   HEDELMÄTARHA
SYÖTÄVÄ   SÄILIÖ
KOMPOSTI   KAUSI
LAJIT   SIEMENET
EKSOTISK   MAAPERÄ
KUKKA   LIKA
PUUN LEHTI   KOSTEUS

78 - Profissões #2

```
B N Y Z P A V Q I R A U E T Q T
O I T T U A N O R T S A T A R O
P R O P V P J C Ö T P J S I V I
E Ä A L D Z O M Ö F A I I D O M
T K W T O U K N N M J K V E V I
T Ä P W P G K B I P A T Ä M A T
A Ä P H T Z I M S R T U J A L T
J L V Y I Q T O N E N T I A O A
A S S I I T I A I V A M S L K J
W A J A T T I V U K T R K A U A
F M B R N T L L W J S T E R V R
Y M I F O S O L I F U S K I A T
D A Q S U T P L Ä Ä K Ä R I A K
G H B C N T J Q I V R V N W J B
V I L J E L I J Ä P F K P V A S
P U U T A R H U R I G R U R I K
```

VILJELIJÄ	KUVITTAJA
ASTRONAUTTI	KEKSIJÄ
BIOLOGI	TUTKIJA
KIRURGI	PUUTARHURI
HAMMASLÄÄKÄRI	TOIMITTAJA
ETSIVÄ	LÄÄKÄRI
KUSTANTAJA	PILOTTI
INSINÖÖRI	TAIDEMAALARI
FILOSOFI	POLIITIKKO
VALOKUVAAJA	OPETTAJA

79 - Negócios

```
V  S  M  I  I  L  S  M  G  O  L  E  U  R  Q  V
H  A  K  T  T  D  Z  Y  Z  B  E  T  L  N  P  F
K  D  L  N  M  J  D  Y  R  A  H  O  I  T  U  S
H  H  A  U  S  Y  U  M  L  V  N  Z  H  O  R  C
D  E  Y  Q  U  Z  P  Ä  Y  C  S  S  L  R  A  S
V  T  F  W  O  T  O  L  U  T  D  Y  I  E  H  U
K  O  S  E  L  A  T  Ä  V  R  A  R  A  V  A  T
U  T  I  H  A  A  J  A  T  N  A  N  Ö  Y  T  I
S  S  E  T  T  Y  Ö  N  T  E  K  I  J  Ä  P  O
T  I  B  Y  T  P  I  P  E  Q  D  E  V  L  Q  J
A  M  A  V  Y  O  T  P  J  L  P  T  M  M  U  I
N  I  L  C  W  Y  H  R  S  Q  S  O  I  W  K  S
N  O  T  J  E  W  Y  P  D  A  L  E  N  N  U  S
U  T  M  Y  Y  N  T  I  U  L  Q  Y  S  I  O  T
S  F  Y  A  Q  B  W  M  B  A  K  S  B  Y  V  D
U  F  Q  A  K  K  H  U  A  H  C  K  C  D  T  E
```

URA	RAHOITUS
KUSTANNUS	VEROT
ALENNUS	SIJOITUS
RAHA	MYYMÄLÄ
TALOUS	VOITTO
TYÖNTEKIJÄ	TAVARA
TYÖNANTAJA	VALUUTTA
YHTIÖ	BUDSJETT
TOIMISTO	TULO
TEHDAS	MYYNTI

80 - Fazenda #2

```
R D H Ä S P Y K W N K M H R O O
D T E E M I A R H O L E H M P Z
N Z D V Z B K I M K B H W W J Z
Q T E G W G K R M R W I V O Z V
U Z L Z J L N O J E U L E H J J
D H M G K Q A T F M N Ä H O T J
V I Ä N S F S K O B I N M C N
A C T Q A Y T A C L Q S Ä Z S S
M I A P M O I R Q N G P M V Y W
Q S R K M V R T P Y J E L I O T
Q S H V A M A A L T D S E H I F
A I A O L S K V K T Y Ä D A H V
M A I T O A T E M I Ä L E N H U
M M K J A S T E V I D A H N T A
H D H J N B J O L N G N W E D D
V I L J E L I J Ä U J Z I S G R
```

VILJELIJÄ	KYPSÄ
ELÄIMET	MAISSI
LATO	LAMMAS
OHRA	PAIMEN
MEHILÄISPESÄ	ANKKA
KARITSA	HEDELMÄTARHA
HEDELMÄ	NIITTY
KASTELU	TRAKTORI
MAITO	VEHNÄ
LAAMA	VIHANNES

81 - Jardim

```
T Q P W U J G T A A U L I L T I
E P R E Z O M E J F H G E O R N
R U A T N Y O V L W J I R T P E
A S K R S K N L N B P I A E K H
S K E A Z D K O H R U O H O S U
S A R M O K K I M R U N R F A S
I P I P I M E Ä R E P A A M Q W
H C I O P O I L L A T O T U A V
I B P L A A I T A H A S Ä G D O
G I P I L B T M V R W G M J K I
B N U I D P S E S A Z J L A R S
Z M M N H N I R Y T R K E S B B
Z F A I K W U J H U D G D F S U
J Z T K U K K A O U P N E Y C G
Y M T P V R Q M Q P T C H J R F
P Q O P W Z V H C I J L A M P I
```

RAKE
PUSKA
PUU
PENKKI
AITA
UGRESS
KUKKA
AUTOTALLI
RUOHO
NURMIKKO

PUUTARHA
LAMPI
RIIPPUMATTO
LETKU
LAPIO
HEDELMÄTARHA
MAAPERÄ
TERASSI
TRAMPOLIINI
KUISTI

82 - Política

```
H E H D O K A S T I C I K S E K
A A R U Y S L V O I T T O U Z A
I K L M B P O A T N I L A V K N
G K T L Y A I L U K R R K C K S
E I Z I I E S Y U S L D K H A A
T I W I V T O C T C U F I F M L
A T M B I I U A L E Y N I N P L
R I E E S M S S P B L D T G A I
T L V D T O L T J K K B E O N N
S O Q Y F K H L I C U H G V J E
W P V V A P A U S N U L G R A N
B T E D O V C I C W I N B A B P
A A R Q D K G C Z U O U M A F Z
Q F O T S O V U E N K M D S M W
T J T F Z M H Y D Y R F V A P E
P O L I I T I K K O I Q E T A C
```

AKTIVISTI
KAMPANJA
EHDOKAS
KOMITEA
NEUVOSTO
VALINTA
STRATEGIA
ETIIKKA
HALLITUS

TASA-ARVO
VEROT
VAPAUS
KANSALLINEN
LAUSUNTO
POLITIIKKA
POLIITIKKO
SUOSIO
VOITTO

83 - Oceano

```
R A G P J G M M D M D L E V Ä T
M C U A U E Y K I S E K C N Q T
F N D G L B R V I F L Z G O E U
L R I N E I S T A V F A M K T V
Q R R E Z L K F S A I R E K N A
D U E G H L Y S R A I A H A Z R
H O T U S A M Q I P N L U U P A
C A S Z U R A S H F I N K M U K
P L O C O O N J W F N Y P R E T
K A L A L K E D V T Z U B A N A
E K I T A J T H F A Q U T P S K
W E S T D E Y A V G L N L U A N
T T N U W G Q F G P S A S L D J
M S F I T I D E V A N N S B H Q
G U E R S K I L P I K O N N A I
G M D M S M V F O L E Y L N C N
```

LEVÄT	TIDEVANN
TUNFISK	MANET
VALAS	OSTERI
VENE	KALA
KATKARAVUT	MUSTEKALA
RAPU	RIUTTA
KORALLI	SUOLA
ANKERIAS	KILPIKONNA
SIENI	MYRSKY
DELFIINI	HAI

84 - Profissões #1

```
R C P P H P R N M E F Y P Z M Q
Ä J A A O S I S R U U R C J W W
Ä O N L I Z Y A D S U R B M Y Y
T V K O T N B F N J Q S S P L P
Ä V K M A K D Y C I E R I K U B
L J I I J R E E H V S Ø K K B E
Ö J I E A T K Z M A R T R A K H
I U R S D Y I U H W W K I J P O
D R I G O L O E G C U A E A S Y
Ä H M Q R M O N D G F D A J Y I
S E I M I R E M D E I E G A K V
N I T A N S S I J A M R I N O E
A L P U T K I M I E S I E A L K
M I F A R G O T R A K P E I O C
L J K U L T A S E P P Ä H S G Y
T A T A I T E I L I J A I A I W
```

ASIANAJAJA	REDAKTØR
RÄÄTÄLÖIDÄ	PUTKIMIES
TAITEILIJA	HOITAJA
URHEILIJA	GEOLOGI
PANKKIIRI	KULTASEPPÄ
PALOMIES	MERIMIES
KARTOGRAFI	MUUSIKKO
TIEDEMIES	PIANISTI
TANSSIJA	PSYKOLOGI

85 - Força e Gravidade

```
L  E  G  Z  Ö  N  S  L  W  Y  W  O  E  K  P  W
A  T  K  L  T  I  U  U  W  Y  W  M  U  P  A  M
A  Ä  K  I  S  O  U  N  W  A  L  U  U  V  I  Z
J  I  E  F  I  V  R  O  Q  K  Z  Q  Z  B  N  T
E  S  S  Y  E  L  U  P  M  K  F  F  T  P  O  J
N  Y  K  I  T  Q  U  E  N  I  A  P  C  P  K  I
N  Y  U  O  N  N  S  U  D  I  I  L  E  S  K  A
U  S  S  A  I  T  T  S  V  N  M  K  C  W  L  K
S  Q  T  I  I  G  N  T  A  A  S  W  E  O  L  K
N  F  A  K  K  Z  T  F  G  K  I  B  P  F  A  I
K  F  U  A  G  P  M  B  B  E  T  K  P  C  J  I
I  Y  L  E  I  S  T  Ä  Q  M  E  L  U  V  S  S
T  I  M  N  R  H  Q  I  W  Y  N  W  Ö  T  H  Y
K  I  L  A  T  K  K  A  Y  L  G  O  I  Y  U  F
A  W  H  T  T  C  R  H  N  N  A  U  Y  P  T  S
D  Y  N  A  A  M  I  N  E  N  M  F  Z  H  J  Ö
```

KITKA	SUURUUS
KESKUSTA	MEKANIIKKA
LÖYTÖ	LIIKE
DYNAAMINEN	PAINO
ETÄISYYS	PAINE
AKSELI	KIINTEISTÖ
LAAJENNUS	NOPEUS
FYSIIKKA	AIKA
VAIKUTUS	YLEISTÄ
MAGNETISMI	

86 - Ciência

```
E G G V S E I M E D E I T G N P
G P J G B U O I T U U L O V E A
R P I Z C E A O P T D M S H N I
O C Y F O S S I I L I A I A I N
I S E E T O P Y H H L S A V L O
R G D F D K W R T M A T S A L V
O R G A N I S M I R A O I I A O
T G M M K W K U M T R V A N I I
A V E E O K I J O A E Y G T M M
R L H R N L I Z T F N M B O E A
O U A Y I E E I A U I F Q U K V
B O I Q J N T K S E M N U L G O
A N U T B V G E Y Y M J R H K N
L T I V S A K C L Y F V I P A W
B O C T I E D O T M L P L U K T
H I U K S E T E R A Ä I Y B S Y
```

ATOMI
TIEDEMIES
ILMASTO
TIEDOT
EVOLUUTIO
TOSIASIA
FYSIIKKA
FOSSIILI
PAINOVOIMA
HYPOTEESI

LABORATORIO
MENETELMÄ
MINERAALI
MOLEKYYLI
LUONTO
HAVAINTO
ORGANISMI
HIUKSET
KASVIT
KEMIALLINEN

87 - Comida #1

```
P  I  N  A  A  T  T  I  M  U  A  N  O  V  J  L
S  A  L  A  A  T  T  I  Z  A  R  H  O  A  O  H
K  Q  P  F  Z  P  T  O  J  K  I  D  A  L  W  S
I  L  U  P  I  S  O  H  M  I  A  T  S  K  B  Q
S  W  T  Y  U  E  B  M  Q  L  A  T  O  O  Q  M
O  U  M  A  A  P  Ä  H  K  I  N  Ä  U  S  K  K
O  H  O  Z  C  P  P  B  R  S  A  J  H  I  I  A
K  E  Y  L  H  U  N  Q  N  A  K  T  O  P  M  N
I  M  S  Z  A  S  U  O  I  B  K  I  Y  U  K  E
R  T  P  Y  K  N  O  D  G  Q  R  I  D  L  I  L
P  U  F  O  K  C  U  B  Z  H  O  K  J  I  H  I
A  N  P  P  I  J  K  U  Y  R  P  B  I  F  V  O
V  F  S  C  S  O  K  E  R  I  F  L  W  V  B  B
Z  I  B  Y  N  S  A  E  Z  T  G  W  F  G  U  C
A  S  N  R  A  F  K  E  V  U  I  C  P  H  V  V
O  K  A  S  M  S  N  A  U  R  I  S  C  Y  J  K
```

SOKERI	PINAATTI
VALKOSIPULI	MAITO
MAAPÄHKINÄ	SITRUUNA
TUNFISK	BASILIKA
KAKKU	MANSIKKA
KANELI	NAURIS
SIPULI	SUOLA
PORKKANA	SALAATTI
OHRA	SUPPE
APRIKOOSI	MEHU

88 - Geometria

```
U E Z G K E H A I W J C N J Y R
L J O V O I K Y M C R G R J M I
O D I E L C Z K Q I K M F D P N
T L N U M Y H T Ä L Ö U U T Y N
T A A J I S I A K L A H L Q R A
U S A T O U T S Y I Y F K M Ä K
V K I T F E T Y O Q M U I K A K
U E D E Z K N M U P K Z I R V A
U M E R H R E M A Q A S Z N T I
S I M D T O M E M E P J O K Q N
T N S D H K G T W U B I B C U E
B E T O S A E R O K R J N E A N
J N S L M S S I G R Ä M R T K C
V U M A S S A A O W T Y A A A P
S H C J A M F Y Z Q G E R S A J
T E O R I A K K I I G O L Ä V D
```

KORKEUS
KULMA
LASKEMINEN
YMPYRÄ
KÄYRÄ
HALKAISIJA
ULOTTUVUUS
YHTÄLÖ
VAAKA
LOGIIKKA

MASSA
MEDIAANI
RINNAKKAINEN
OSA
SEGMENTTI
SYMMETRIA
PINTA
TEORIA
KOLMIO
LODDRETT

89 - Pássaros

```
P C B K I S H L C M I O W K L L
R M N C W T A I O G U I N Y Y W
I N I A S R I P J K C N Q Y P Z
I Y N G K U K E J V K I A H Z K
K R A H P T A L C L H I L K K A
I U A J R S R I K Ä K V G Y A N
N K K C H I A K N A G U N R A
K J U W I Q L A C C S N F E B J
U K O G N I M A L F S I I N K I
K F T U G K Y N E N U P R A V A
K S Y I T C F I C B O U A O L K
O S G I H S J D K V H R N D A U
K C A H Z Z E W O A D N A J O P
A M Z V C T F N T R N N K O K A
H A N H I S H Y K I N Y D H H P
M J U R N R J L A S Z K J G E N
```

STRUTSI	HANHI
KOTKA	MUNA
KANARIFUGL	PAPUKAIJA
HAIKARA	VARPUNEN
JOUTSEN	ANKKA
VARIS	RIIKINKUKKO
KÄKI	PELIKAANI
FLAMINGO	PINGVIINI
KANA	KYYHKYNEN
LOKKI	TOUKAANIN

90 - Literatura

```
A  T  R  E  K  Ä  M  Ä  L  E  R  Z  N  L  P  F
T  E  W  T  H  U  F  J  M  G  G  Y  O  Z  U  A
D  I  A  L  O  G  Q  I  E  P  A  R  T  N  T  N
T  V  S  U  A  V  U  K  T  Ä  I  G  N  M  N  E
R  O  E  Y  J  K  H  E  A  Ä  B  A  U  K  I  K
A  S  C  R  Y  L  M  T  F  T  B  I  S  Q  O  D
G  T  Y  Q  T  L  I  S  O  E  K  G  U  K  S  O
E  Y  P  T  E  A  A  Y  R  L  E  O  A  D  U  O
D  T  O  W  J  M  I  N  A  M  R  L  L  I  P  T
I  O  N  F  T  E  L  L  A  Ä  T  A  Z  F  P  T
A  G  N  U  T  E  Y  H  U  J  O  N  U  R  O  I
Y  E  S  J  J  T  Y  P  H  Z  J  A  J  Y  L  O
R  B  P  H  N  U  T  U  I  N  A  A  M  O  R  D
E  Y  N  V  Q  Q  F  I  K  T  I  O  T  A  W  M
J  H  Z  Z  K  O  E  G  Q  M  Z  N  D  P  W  A
G  I  G  A  L  N  M  L  Q  C  A  N  S  W  L  J
```

ANALOGIA	FIKTIOTA
ANALYYSI	METAFORA
ANEKDOOTTI	KERTOJA
TEKIJÄ	LAUSUNTO
ELÄMÄKERTA	RUNO
VERTAILU	LOPPUSOINTU
PÄÄTELMÄ	RYTMI
KUVAUS	ROMAANI
DIALOG	TEEMA
TYYLI	TRAGEDIA

91 - Química

```
D H Y B Z J B V U P Y D E K G K
S U O L A E G D E C Ö P M Ä L A
Q I P P A H P D Y T Z A Ä G C T
A R E U J U I O N I Y F K K O A
F O P I J A L P E L D Y S M W L
E O A A N H I P N Y L D I J C Y
T L L B I Z I A I Y E I N U Z S
S K E I O N H H N K L N E T W A
E Y F M R G O V A E E H N R K T
N N D Y E H Z G A L K G S G A O
V S S Y J N G V G O T S C H A R
V T U S U Y T A R M R D D G S I
I C E T J C R I O V O O E Q U H
V W O N E E I G T A N Y E M S B
J V O E F R S Z M Q I A E I I Y
P E F R L Ä M P Ö T I L A I C Q
```

EMÄKSINEN	VETY
HAPPO	IONI
LÄMPÖ	NESTE
HIILI	MOLEKYYLI
KATALYSATOR	YDIN
KLOORI	ORGAANINEN
ELEMENTIT	HAPPI
ELEKTRONI	PAINO
ENTSYYMI	SUOLA
KAASU	LÄMPÖTILA

92 - Clima

```
I  W  L  M  M  G  M  H  H  A  P  Z  K  T  P  L
L  K  P  Y  D  C  H  O  D  A  N  R  O  T  S  Ä
M  I  R  R  S  U  M  U  N  E  N  O  K  K  U  M
A  W  T  S  A  M  A  L  A  S  K  Q  D  H  U  P
S  U  C  K  B  L  Z  P  B  A  U  Y  O  C  V  Ö
T  R  K  Y  C  H  O  M  R  V  B  U  T  T  I  T
O  W  O  I  V  L  I  P  R  I  F  K  N  H  U  I
I  L  M  A  I  N  E  N  K  A  F  O  Y  I  K  L
L  W  W  S  L  E  H  T  E  T  R  E  U  U  G  A
U  A  I  J  K  T  R  O  O  P  P  I  N  E  N  K
U  Q  T  W  U  Q  N  Q  K  O  Y  A  Ä  B  J  I
T  S  R  D  I  Q  M  G  Z  B  J  Q  Ä  I  O  P
U  E  P  Y  V  A  Y  S  C  K  F  I  J  D  B  W
M  S  I  N  A  A  K  I  R  R  U  H  Y  E  A  L
R  A  U  H  A  L  L  I  N  E  N  G  J  M  Z  K
S  A  T  E  E  N  K  A  A  R  I  I  B  W  U  M
```

SATEENKAARI	POLAR
ILMAINEN	SALAMA
RAUHALLINEN	KUIVUUS
TAIVAS	KUIVA
ILMASTO	LÄMPÖTILA
HURRIKAANI	MYRSKY
JÄÄN	TORNADO
MONSUUNI	TROOPPINEN
SUMU	UKKONEN
PILVI	TUULI

93 - Tecnologia

```
D D T O T S A L I T T E G J M O
R P Y U T A V U A T I I S K O S
D S S U R N Ä Y T T Ö G E L T E
N O Z A C V K A M E R A P D S Z
B A W S B B A L C S T S T R O O
O I H O K J D L I U M O B D D T
I N T E R N E T L R K V L U E S
T I E T O K O N E I P S O K I I
E U J B L S V O L V S D G U T M
Q V V T L J V G V Q S U I K U L
V I R T U A A L I N E N U S T E
N D T D R S S E L A I N O S K J
M R T T V I E S T I Z L Z M I H
Y V N E N I L A A T I G I D M O
L N T F I O K U R S O R I M U I
H S D B U M F Q O K Z A G L S F
```

TIEDOSTO	INTERNET
BLOGI	VIESTI
TAVUA	SELAIN
KAMERA	TUTKIMUS
TIETOKONE	TURVALLISUUS
KURSORI	OHJELMISTO
TIEDOT	NÄYTTÖ
DIGITAALINEN	VIRTUAALINEN
TILASTOT	VIRUS
FONTTI	

94 - Diplomacia

```
C P O L I T I I K K A D Z V L U
K E S K U S T E L U C H F E D L
C W P P A M W N O W S R H Z G K
L K A M P A N J A T K T H S I O
B Ä N S U U S I L L A V R U T M
H I H W N T U Z G V N R B E K A
P A G E Y W E R E G R O B K I I
L Z L R T I C H V T Z R B I L N
B I Q L M Y N C E Q T C S O F E
U P D P I Y S G B Y E T U U N N
A K K I I T E T N C S M M W O W
B V S L V Y U I Ö O Y A I F K B
Y H T E I S Ö S Ö T Ä Ä P G I K
N E U V O N A N T A J A O Q E A
Y H T E I S T Y Ö B C I S I L H
F L D B V O R A T K A I S U I Q
```

KAMPANJAT

BORGERE

YHTEISÖ

KONFLIKTI

NEUVONANTAJA

YHTEISTYÖ

KESKUSTELU

LÄHETYSTÖ

ULKOMAINEN

ETIIKKA

HALLITUS

EHEYS

OIKEUS

KIELI

POLITIIKKA

PÄÄTÖS

TURVALLISUUS

RATKAISU

SOPIMUS

95 - Comida # 2

```
V U L N O T S U U J Z C Q L C S
H H D V K M K I R S I K K A P C
S F E A A P E A I K L E C L E N
W Z J T L J G N K U A K F I M M
Y M J T A H Z S A D A J U T V Y
N J C V N K D H H S K M K T G S
U F H Z N Z I H I N A A N A B U
M T C O U I C I K B S N G A T K
J O G U R T T I V Y R T G M P L
A R T I S O K K A I A E E O V A
N R M N S F Q O N J P L R T E A
U Y U E M I V U A G B I A A H T
M P T I G F I A K I N K K U N R
R Ä R S I C N R C F Q G U J Ä T
T L A H F Z I T A V Z B R P G O
N E M U N A K O I S O D P H J M
```

ARTISOKKA
MANTELI
RIISI
BANAANI
MUNAKOISO
PARSAKAALI
KIRSIKKA
SUKLAA
SIENI
KANA

JOGURTTI
KIIVI
OMENA
MUNA
KALA
KINKKU
JUUSTO
TOMAATTI
VEHNÄ
RYPÄLE

96 - Universo

```
H O M N O E Y A A T S I L L A K
H C W Ä W M C W S A V I A T M T
T B N K G D I T T N O S I R O H
A I A Y Z N A K E N N F C N S J
I B J V B J F U R W E T N Q U W
V G A Ä K K F U O K N I R U A L
A T A P O A V Y I W I Q U H S E
A Ä S L I W U W D E A M W A I V
L H A Z A T E K I P M I L L E E
L T T O Q K U R O H L R C V S Y
I I N D Z S S U F P I V M K N S
N T Ä I I G G I S W U W O U Ä A
E I V A J F V H U A N T C L V S
N E I K A N E N I M S O K E I T
S D Ä K J P D Y F G S T D I Ä E
G E P I T Y P R M W S H E A P B
```

ASTEROIDI
TÄHTITIEDE
ILMAINEN
TAIVAALLINEN
TAIVAS
KOSMINEN
EON
PÄIVÄNTASAAJA
GALAKSI
HALVKULE

HORISONTTI
KALLISTAA
LEVEYSASTE
PITUUSASTE
KUU
AURINKO
PÄIVÄNSEISAUS
KAUKOPUTKI
NÄKYVÄ
ZODIAKKI

97 - Jazz

```
T A G F M I W S P A D Z F C P P
O Y V T U M M U R A H N A V W D
R K Y D A P Z O V T I S U U R Q
K U K L J R M S O F J N S P U H
E U O L I O U I I B A K O Q L Q
S L O V L V S K S W L Q B T R P
T U S P I I I M T Y R J B U L
E I T W E S I T T R E S N O K S
R S U H T A K S Ä V E L T Ä J Ä
I A M F I A K M J Q B L C U Y M
S K U A A T I C F P S N A B T J
G Y S L T I Y S E N F W Y U L M
H K N B T O Q K W F E C B L L Y
W Y C U G Q H M R Z M S J Z A U
A M E M W O T O Y R T Q V P R K
A K K I I N K E T D B S A C U B
```

TAITEILIJA
ALBUMI
RUMMUT
LAULU
KOOSTUMUS
SÄVELTÄJÄ
KONSERTTI
TYYLI
PAINOTUS
KUULUISA

SUOSIKIT
LAJI
IMPROVISAATIO
MUSIIKKI
UUSI
ORKESTERI
RYTMI
KYKY
TEKNIIKKA
VANHA

98 - Barcos

```
K Ö V Y M C J K C H M D F F S E
A T T U A L O Ö A A L T O N P R
F S I Q O G K Y P O I J U Q S I
F I B V E R I S E Y U K S Q F Y
U H R D I P O I V R Ä J F V H B
T E L A K K A V M A S T O Z H A
P I C H K I M S E I M I R E M N
M M E N E V S U T S A L E P V K
U E M O O T T O R I I I B C Z K
G D R J A E M E J P L L V Y T U
I T Y I T T O O N A K V R J P R
V A L T A M E R I W H M N M B I
P U R J E V E N E P S T C T G Y
Z G L K G E L O S K L I I Y D W
K Q M B I H W W Q A L Y R I L N
K A J A K K C A Z U G R Y H P W
```

ANKKURI
LAUTTA
PELASTUSVENE
POIJU
KAJAKK
KANOOTTI
KÖYSI
TELAKKA
JAHTI
JÄRVI

MERI
VUOROVESI
MERIMIES
MASTO
MOOTTORI
VALTAMERI
AALTO
JOKI
MIEHISTÖ
PURJEVENE

99 - Mamíferos

```
U  T  T  E  K  D  W  E  S  K  O  Y  O  F  B  B
R  S  G  Z  M  O  E  B  N  D  W  Ä  L  W  J  A
U  S  R  O  N  H  I  L  E  M  A  K  P  W  U  Z
G  A  P  I  N  A  E  R  P  M  A  R  P  E  E  S
N  L  V  N  Y  V  C  V  A  Y  B  Ä  V  T  P  C
E  L  V  A  L  A  S  L  O  Y  A  H  S  F  M  A
K  I  A  O  A  I  V  Q  A  N  O  J  I  E  L  L
O  R  P  M  B  V  O  A  C  I  E  R  K  R  B  B
Y  O  C  U  M  H  I  R  E  T  T  N  A  P  J  F
H  G  R  U  C  A  M  E  H  T  T  A  N  H  Y  R
B  K  J  O  U  R  S  V  L  O  U  N  I  R  U  L
D  E  L  F  I  I  N  I  C  O  L  J  S  K  V  B
T  W  Z  W  P  K  L  L  U  J  C  J  U  I  M  K
C  L  E  V  F  H  O  W  D  O  O  D  S  S  T  C
H  N  J  T  T  S  L  N  C  K  A  Y  B  S  S  V
B  C  R  K  H  R  A  Z  Z  N  O  E  W  A  B  L
```

VALAS	DELFIINI
KAMELI	GORILLA
KENGURU	LEIJONA
HEVONEN	SUSI
KOIRA	APINA
KANI	LAMMAS
KOJOOTTI	PANTTERI
NORSU	KETTU
KISSA	HÄRKÄ
KIRAHVI	SEEPRA

100 - Atividades e Lazer

```
O  G  J  L  B  V  A  E  L  L  U  S  K  R  D  D
K  O  N  O  O  T  M  W  D  N  T  O  F  K  R  J
A  L  W  J  B  G  I  G  N  I  P  M  A  C  V  C
L  F  H  B  W  Q  U  O  L  L  A  P  I  R  O  K
A  M  R  A  Z  I  K  P  J  C  G  T  B  A  F  L
S  A  E  K  R  J  A  L  K  A  P  A  L  L  O  E
T  A  N  I  C  R  N  N  H  L  O  G  T  L  K  N
U  L  T  L  Q  Z  A  Y  C  I  E  H  E  A  P  T
S  A  O  P  C  M  A  S  R  N  O  A  N  B  C  O
I  U  U  A  H  B  T  B  T  K  P  Q  N  E  H  P
Y  S  T  I  Z  H  S  P  U  U  K  L  I  S  N  A
H  P  T  P  D  T  U  M  C  Z  K  E  S  A  Y  L
J  V  A  E  O  T  K  Y  I  C  S  S  I  B  W  L
Y  U  V  E  J  C  T  O  H  H  Z  T  E  L  L  O
B  F  A  I  M  U  A  J  J  G  A  M  J  T  Y  B
I  W  F  S  U  Y  M  S  U  K  E  L  L  U  S  E
```

CAMPING	HARRASTUKSET
TAIDE	SUKELLUS
KORIPALLO	UIMA
BASEBALL	KALASTUS
NYRKKEILY	MAALAUS
VAELLUS	RENTOUTTAVA
KILPA	TENNIS
JALKAPALLO	MATKUSTAA
GOLF	LENTOPALLO

1 - Dirigindo

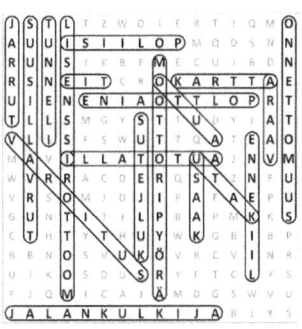

2 - Antiguidades

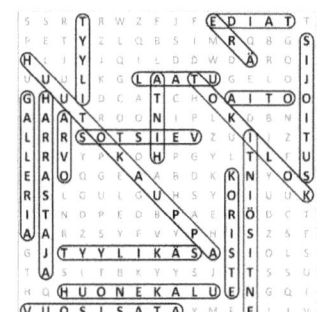

3 - Churrascos

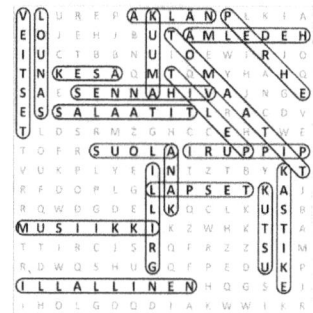

4 - Pesca

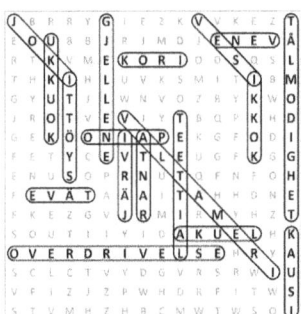

5 - Geologia

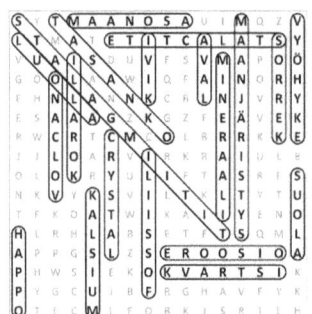

6 - Tempo

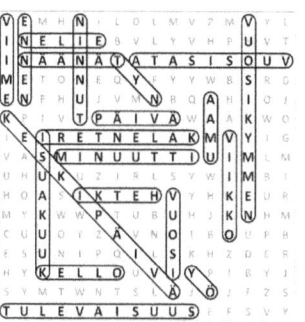

7 - Astronomia

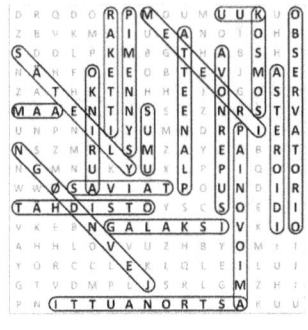

8 - Acampamento

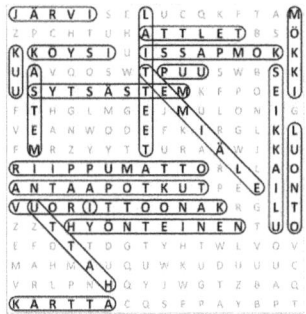

9 - Emoções

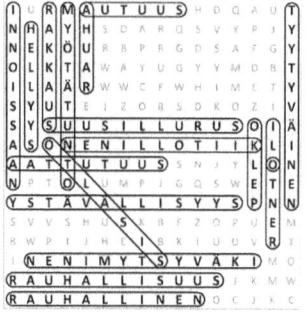

10 - Ficção Científica

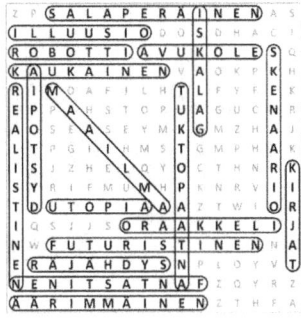

11 - Mitologia

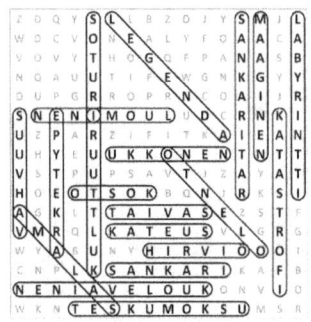

12 - Medições

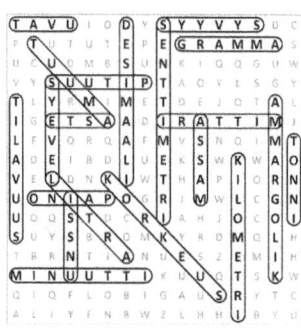

13 - Álgebra

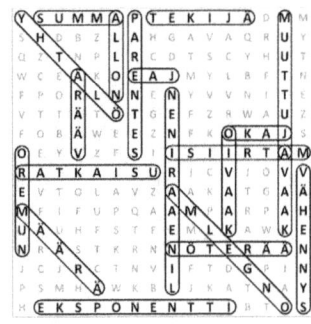

14 - Plantas

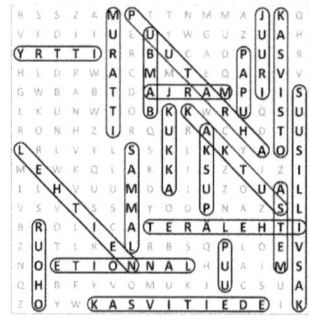

15 - Veículos

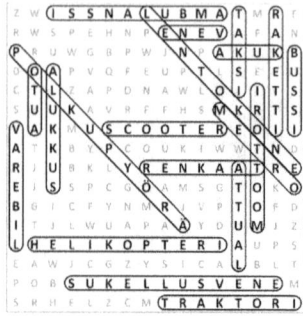

16 - Engenharia

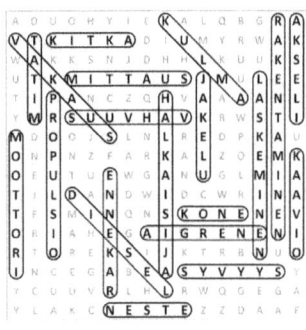

17 - Restaurante # 2

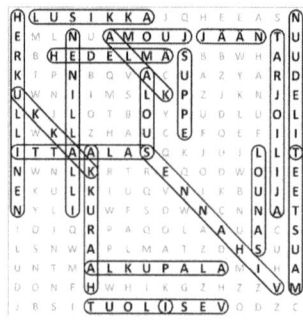

18 - Países #2

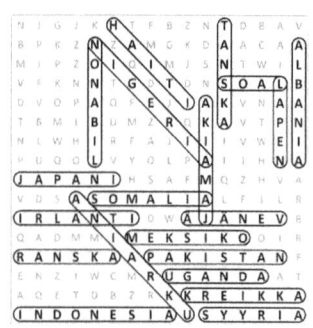

19 - Cozinha

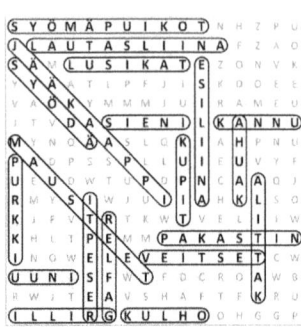

20 - Material de Arte

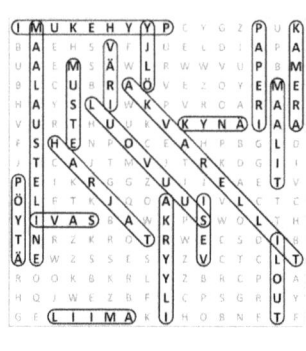

21 - Números

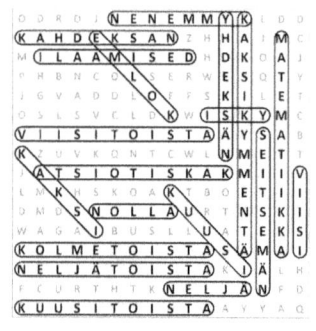

22 - Física

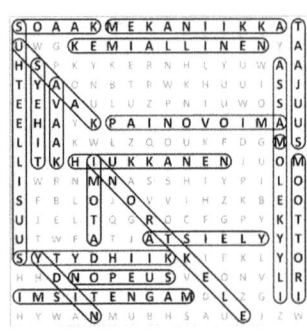

23 - Especiarias

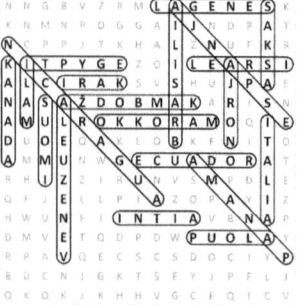

24 - Países #1

25 - A Mídia

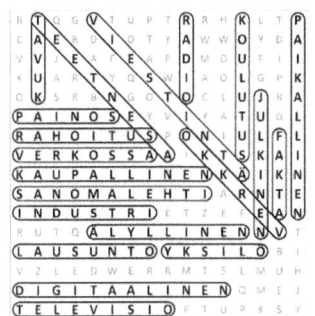

26 - Casa

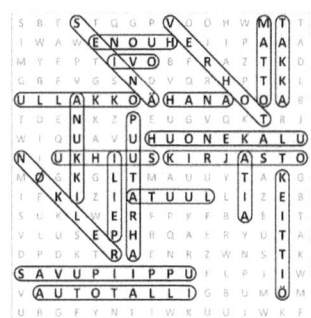

27 - Vegetais

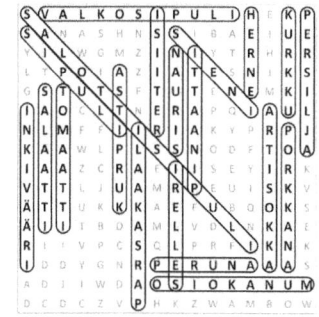

28 - Balé

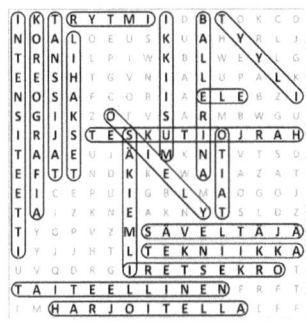

29 - Adjetivos #1

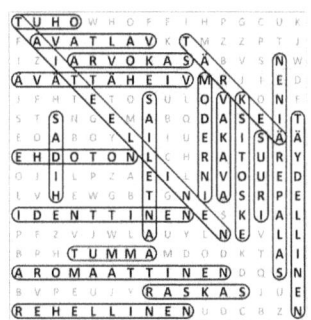

30 - Paisagens

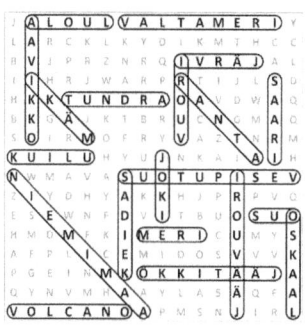

31 - Dança

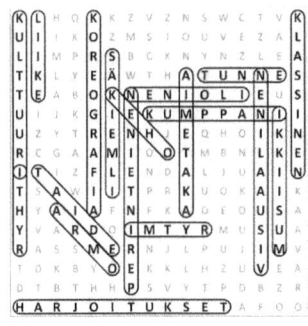

32 - Nutrição

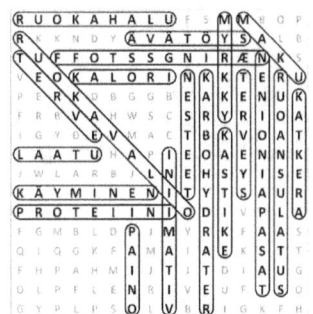

33 - Energia

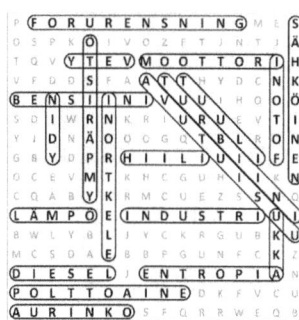

34 - Disciplinas Científicas

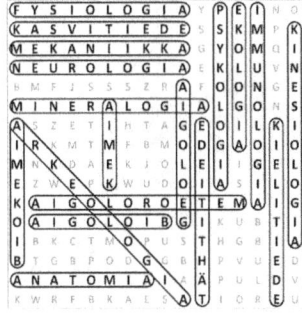

35 - Meditação

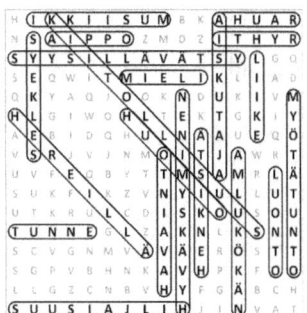

36 - Artes Visuais

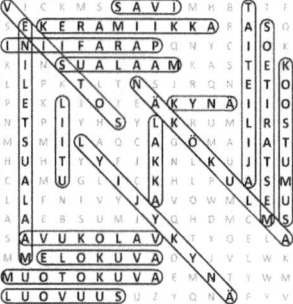

37 - Moda

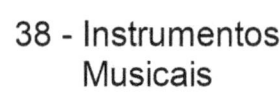

38 - Instrumentos Musicais

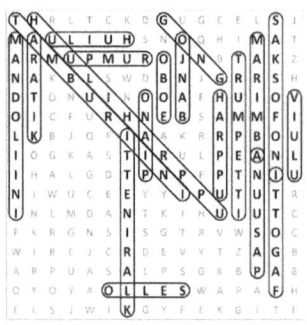

39 - Adjetivos #2

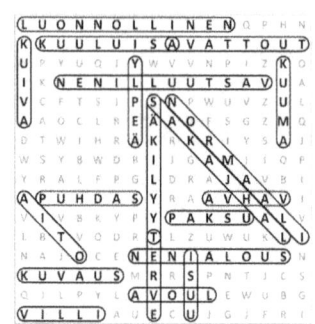

40 - Roupas

41 - Herbalismo

42 - Arqueologia

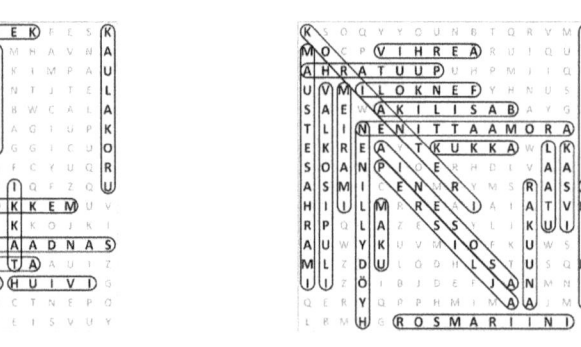
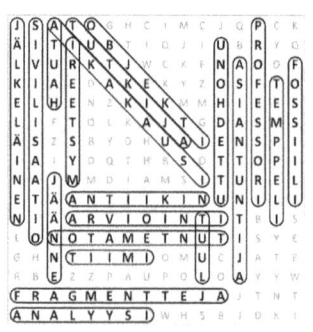

43 - Esporte

44 - Agronomia

45 - Frutas

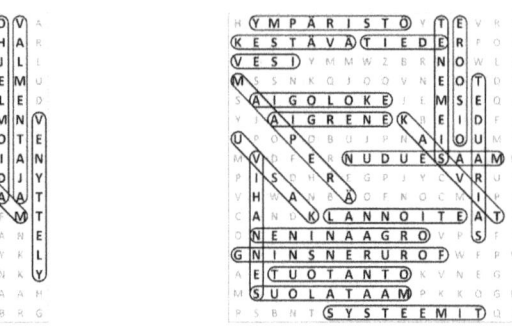
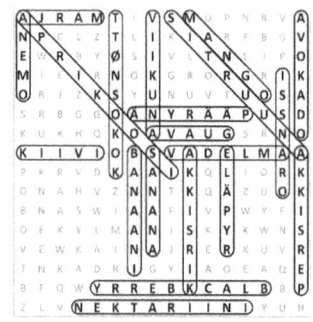

46 - Corpo Humano

47 - Restaurante #1

48 - Caminhada

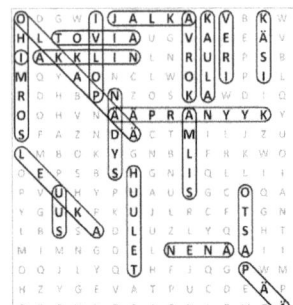
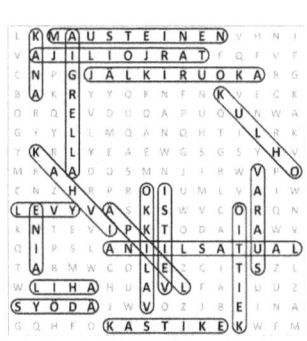
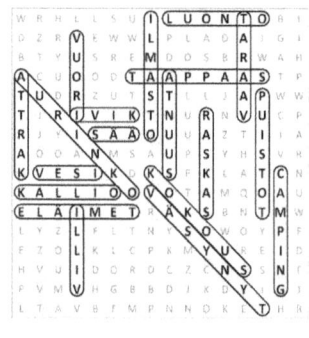

49 - Biologia

50 - Beleza

51 - Filantropia

52 - Família

53 - Férias #2

54 - Edifícios

55 - Xadrez

56 - Aventura

57 - Cidade

58 - Música

59 - Matemática

60 - Saúde e Bem Estar #1

61 - Imigração

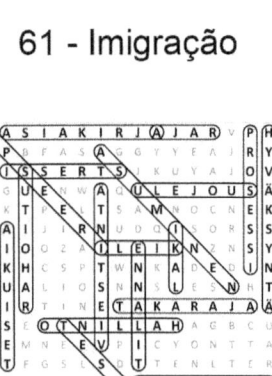

62 - Natureza

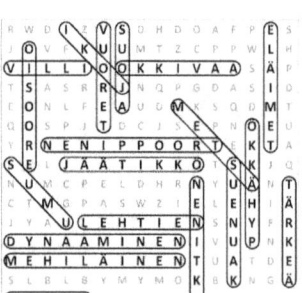

63 - Doença

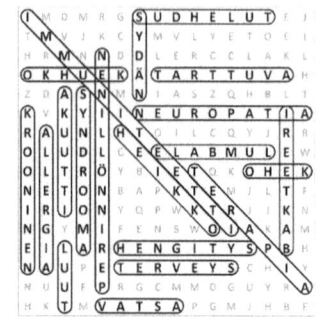

64 - Aquecimento Global

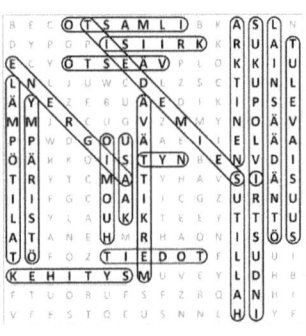

65 - Aviões

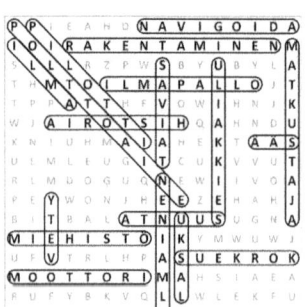

66 - Tipos de Cabelo

67 - Criatividade

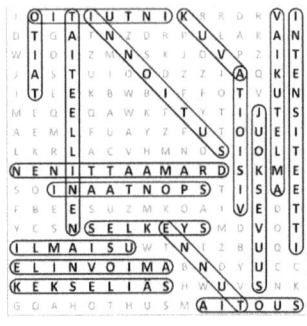

68 - Dias e Meses

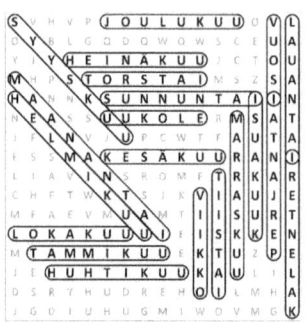

69 - Saúde e Bem Estar #2

70 - Geografia

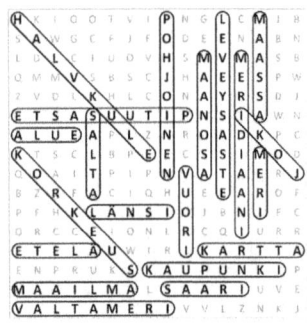

71 - Antártica

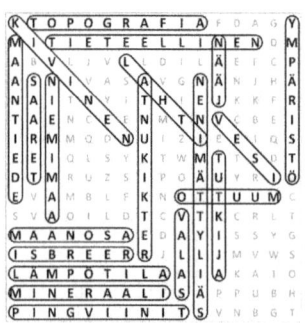

72 - Flores

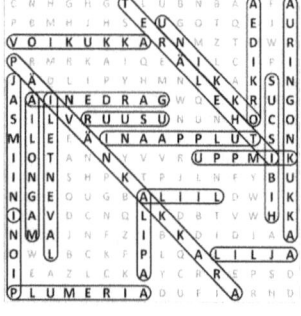

73 - Fazenda #1

74 - Livros

75 - Chocolate

76 - Governo

77 - Jardinagem

78 - Profissões #2

79 - Negócios

80 - Fazenda #2

81 - Jardim

82 - Política

83 - Oceano

84 - Profissões #1

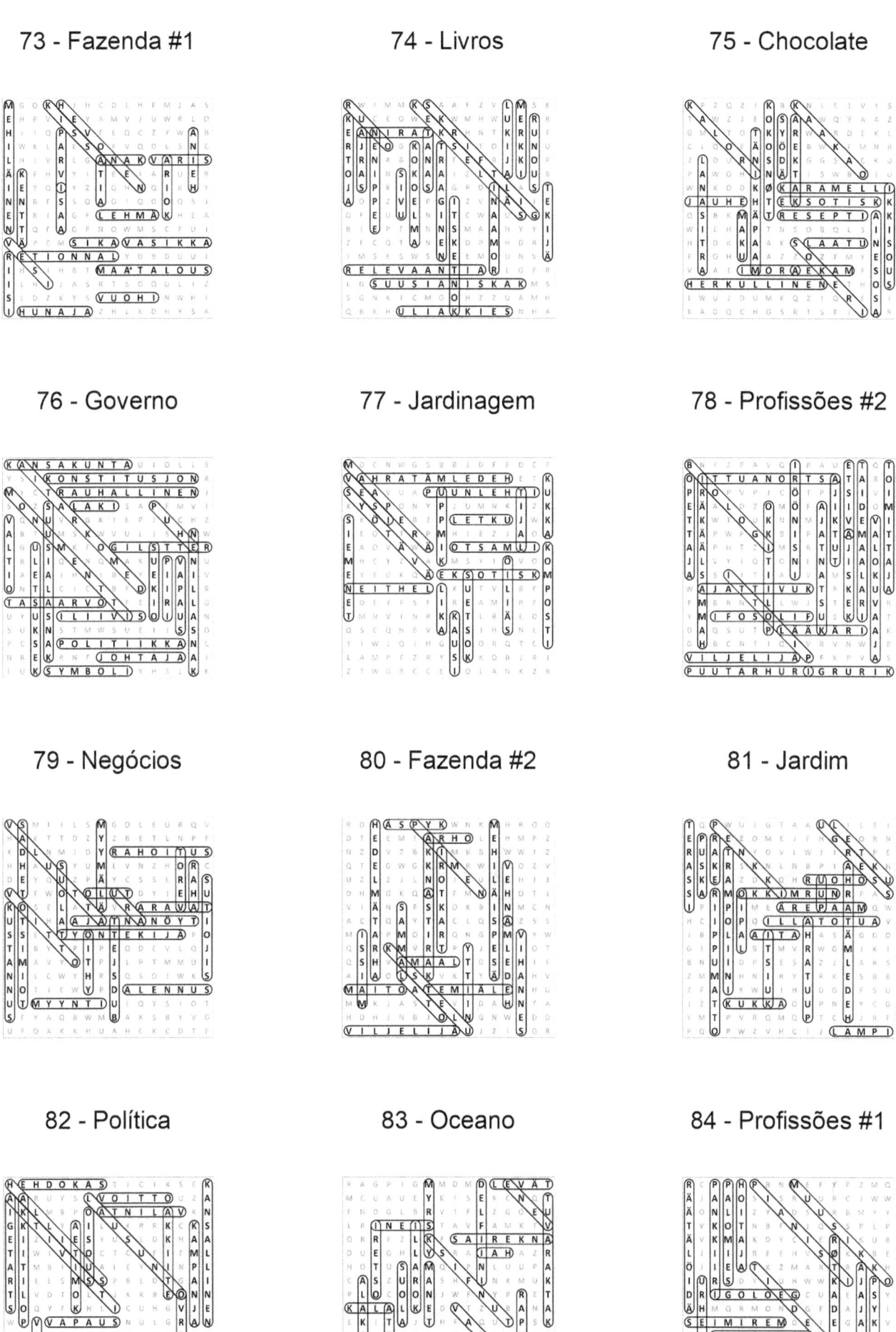

85 - Força e Gravidade

86 - Ciência

87 - Comida #1

88 - Geometria

89 - Pássaros

90 - Literatura

91 - Química

92 - Clima

93 - Tecnologia

94 - Diplomacia

95 - Comida # 2

96 - Universo

97 - Jazz

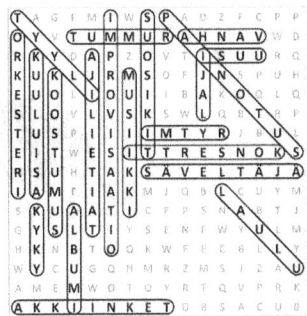

98 - Barcos

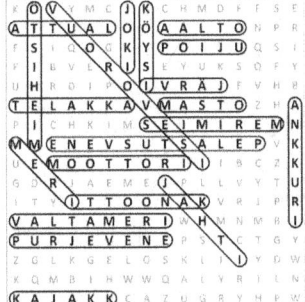

99 - Mamíferos

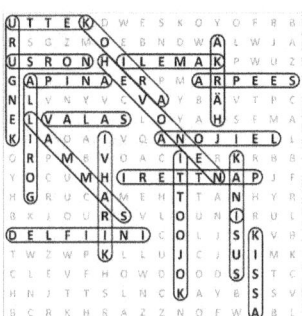

100 - Atividades e Lazer

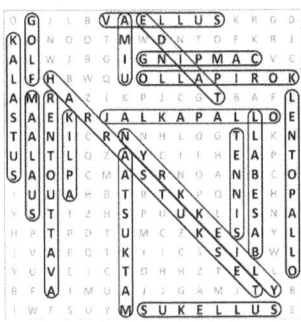

Dicionário

A Mídia
Media

Atitudes	Asenteet
Comercial	Kaupallinen
Comunicação	Viestintä
Digital	Digitaalinen
Edição	Painos
Educação	Koulutus
Fatos	Fakta
Financiamento	Rahoitus
Fotos	Kuvat
Individual	Yksilö
Indústria	Industri
Intelectual	Älyllinen
Jornais	Sanomalehti
Local	Paikallinen
Online	Verkossa
Opinião	Lausunto
Público	Julkinen
Rádio	Radio
Rede	Verkko
Televisão	Televisio

Acampamento
Telttailu

Animais	Eläimet
Aventura	Seikkailu
Árvores	Puu
Bússola	Kompassi
Cabine	Mökki
Caça	Metsästys
Canoa	Kanootti
Chapéu	Hattu
Corda	Köysi
Equipamento	Laitteet
Floresta	Metsä
Fogo	Antaa Potkut
Inseto	Hyönteinen
Lago	Järvi
Lua	Kuu
Maca	Riippumatto
Mapa	Kartta
Montanha	Vuori
Natureza	Luonto
Tenda	Teltta

Adjetivos #1
Adjektiivit #1

Absoluto	Ehdoton
Aromático	Aromaattinen
Artístico	Taiteellinen
Atraente	Viehättävä
Enorme	Valtava
Escuro	Tumma
Exótico	Eksotisk
Fino	Ohut
Generoso	Antelias
Grande	Suuri
Honesto	Rehellinen
Idêntico	Identtinen
Importante	Tärkeä
Lento	Hidas
Misterioso	Salaperäinen
Moderno	Moderni
Perfeito	Täydellinen
Pesado	Raskas
Sério	Vakava
Valioso	Arvokas

Adjetivos #2
Adjektiivit #2

Autêntico	Aito
Criativo	Luova
Descritivo	Kuvaus
Dotado	Lahjakas
Elegante	Tyylikäs
Famoso	Kuuluisa
Forte	Vahva
Grosso	Paksu
Natural	Luonnollinen
Normal	Normaali
Novo	Uusi
Orgulhoso	Ylpeä
Produtivo	Tuottava
Puro	Puhdas
Quente	Kuuma
Responsável	Vastuullinen
Salgado	Suolainen
Saudável	Terve
Seco	Kuiva
Selvagem	Villi

Agronomia
Agronomia

Agricultura	Maatalous
Ambiente	Ympäristö
Água	Vesi
Ciência	Tiede
Crescimento	Kasvu
Doenças	Sairaudet
Ecologia	Ekologia
Energia	Energia
Erosão	Eroosio
Fertilizante	Lannoite
Legumes	Vihannes
Orgânico	Orgaaninen
Plantas	Kasvit
Poluição	Forurensning
Produção	Tuotanto
Rural	Maaseudun
Sementes	Siemenet
Sistemas	Systeemit
Solo	Maaperä
Sustentável	Kestävä

Antártica
Antarktis

Ambiente	Ympäristö
Água	Vesi
Baía	Lahti
Baleias	Valas
Científico	Tieteellinen
Conservação	Säilyttäminen
Continente	Maanosa
Expedição	Retkikunta
Geleiras	Isbreer
Gelo	Jään
Geografia	Maantiede
Ilhas	Saaret
Investigador	Tutkija
Migração	Muutto
Minerais	Mineraali
Península	Niemimaa
Pinguins	Pingviinit
Rochoso	Kivinen
Temperatura	Lämpötila
Topografia	Topografia

Antiguidades
Antiikki

Arte	Taide
Autêntico	Aito
Decorativo	Koriste
Elegante	Tyylikäs
Entusiasta	Harrastaja
Escultura	Veistos
Estilo	Tyyli
Galeria	Galleria
Incomum	Epätavallinen
Investimento	Sijoitus
Item	Erä
Leilão	Huutokauppa
Mobiliário	Huonekalu
Moedas	Kolikot
Preço	Hinta
Qualidade	Laatu
Restauração	Entisöinti
Século	Vuosisata
Valor	Arvo
Velho	Vanha

Aquecimento Global
Maapallon Lämpeneminen

Agora	Nyt
Ambiental	Ympäristö
Atenção	Huomio
Ártico	Arktinen
Cientista	Tiedemies
Clima	Ilmasto
Crise	Kriisi
Dados	Tiedot
Desenvolvimento	Kehitys
Energia	Energia
Futuro	Tulevaisuus
Gás	Kaasu
Gerações	Sukupolvi
Governo	Hallitus
Indústria	Industri
Legislação	Lainsäädäntö
Populações	Väestö
Significativo	Merkittävä
Temperaturas	Lämpötilat

Arqueologia
Arkeologia

Análise	Analyysi
Antiguidade	Antiikin
Avaliação	Arviointi
Civilização	Sivilisaatio
Descendente	Jälkeläinen
Desconhecido	Tuntematon
Equipe	Tiimi
Era	Aikakausi
Especialista	Asiantuntija
Esquecido	Unohdettu
Fóssil	Fossiili
Fragmentos	Fragmentteja
Investigador	Tutkija
Mistério	Mysteeri
Objetos	Objekti
Ossos	Luut
Professor	Professori
Relíquia	Jäänne
Templo	Temppeli
Túmulo	Hauta

Artes Visuais
Kuvataide

Argila	Savi
Arquitetura	Arkkitehtuuri
Artista	Taiteilija
Caneta	Kynä
Cavalete	Maalausteline
Cera	Parafiini
Cerâmica	Keramiikka
Composição	Koostumus
Criatividade	Luovuus
Escultura	Veistos
Filme	Elokuva
Fotografia	Valokuva
Giz	Liitu
Lápis	Lyijykynä
Obra-Prima	Mestariteos
Perspectiva	Näkökulma
Pintura	Maalaus
Retrato	Muotokuva
Verniz	Lakka

Astronomia
Tähtitiede

Asteróide	Asteroidi
Astronauta	Astronautti
Celestial	Taivaallinen
Céu	Taivas
Constelação	Tähdistö
Cosmos	Kosmos
Eclipse	Pimennys
Equinócio	Jevndøgn
Foguete	Raketti
Galáxia	Galaksi
Gravidade	Painovoima
Lua	Kuu
Meteoro	Meteori
Nebulosa	Sumu
Observatório	Observatorio
Planeta	Planeetta
Radiação	Säteily
Solar	Aurinko
Supernova	Supernova
Terra	Maa

Atividades e Lazer
Toiminta ja Vapaa-Aika

Acampamento	Camping
Arte	Taide
Basquete	Koripallo
Beisebol	Baseball
Boxe	Nyrkkeily
Caminhada	Vaellus
Corrida	Kilpa
Futebol	Jalkapallo
Golfe	Golf
Hobbies	Harrastukset
Mergulho	Sukellus
Natação	Uima
Pesca	Kalastus
Pintura	Maalaus
Relaxante	Rentouttava
Surfe	Lainelautailu
Tênis	Tennis
Viagem	Matkustaa
Voleibol	Lentopallo

Aventura
Seikkailu

Alegria	Ilo
Amigos	Ystävä
Atividade	Toiminta
Beleza	Kauneus
Chance	Mahdollisuus
Desafios	Haasteet
Destino	Kohde
Dificuldade	Vaikeus
Entusiasmo	Innostus
Excursão	Retki
Incomum	Epätavallinen
Itinerário	Matka
Natureza	Luonto
Navegação	Navigointi
Novo	Uusi
Perigoso	Vaarallinen
Segurança	Turvallisuus
Surpreendente	Yllättävä
Viagens	Matkustaa

Aviões
Lentokone

Altura	Korkeus
Ar	Ilma
Aterrissagem	Lasku
Atmosfera	Ilmainen
Aventura	Seikkailu
Balão	Ilmapallo
Céu	Taivas
Combustível	Polttoaine
Construção	Rakentaminen
Descida	Laskeutuminen
Direção	Suunta
Hidrogênio	Vety
História	Historia
Motor	Moottori
Navegar	Navigoida
Passageiro	Matkustaja
Piloto	Pilotti
Tempo	Sää
Tripulação	Miehistö
Turbulência	Turbulenssi

Álgebra
Algebra

Diagrama	Kaavio
Divisão	Jako
Equação	Yhtälö
Expoente	Eksponentti
Falso	Väärä
Fator	Tekijä
Fórmula	Kaava
Fração	Jae
Infinito	Ääretön
Linear	Lineaarinen
Matriz	Matriisi
Número	Numero
Parêntese	Parentes
Problema	Ongelma
Quantidade	Määrä
Solução	Ratkaisu
Soma	Summa
Subtração	Vähennys
Variável	Muuttuja
Zero	Nolla

Balé
Baletti

Artístico	Taiteellinen
Bailarina	Ballerina
Compositor	Säveltäjä
Coreografia	Koreografia
Dançarinos	Tanssijat
Ensaio	Harjoitukset
Estilo	Tyyli
Expressivo	Ilmeikäs
Gesto	Ele
Habilidade	Taito
Intensidade	Intensiteetti
Músculos	Lihakset
Música	Musiikki
Orquestra	Orkesteri
Prática	Harjoitella
Público	Yleisö
Ritmo	Rytmi
Técnica	Tekniikka

Barcos
Veneitä

Âncora	Ankkuri
Balsa	Lautta
Bote	Pelastusvene
Bóia	Poiju
Caiaque	Kajakk
Canoa	Kanootti
Corda	Köysi
Doca	Telakka
Iate	Jahti
Lago	Järvi
Mar	Meri
Maré	Vuorovesi
Marinheiro	Merimies
Mastro	Masto
Motor	Moottori
Oceano	Valtameri
Ondas	Aalto
Rio	Joki
Tripulação	Miehistö
Veleiro	Purjevene

Beleza
Kauneus

Batom	Leppestift
Cachos	Kiharat
Charme	Viehätys
Cor	Väri
Cosméticos	Kosmetiikka
Elegante	Tyylikäs
Elegância	Eleganssi
Espelho	Peili
Estilista	Stylisti
Fotogênico	Fotogen
Fragrância	Tuoksu
Graça	Armo
Maquiagem	Meikki
Óleos	Öljyt
Pele	Iho
Rímel	Ripsiväri
Serviços	Palvelut
Suave	Sileä
Tesoura	Sakset
Xampu	Shampoo

Biologia
Biologia

Anatomia	Anatomia
Bactérias	Bakteerit
Célula	Solu
Colagénio	Kollageeni
Cromossoma	Kromosomi
Embrião	Alkio
Enzima	Entsyymi
Evolução	Evoluutio
Fotossíntese	Fotosynteesi
Hormona	Hormoni
Mamífero	Nisäkäs
Mutação	Mutaatio
Natural	Luonnollinen
Nervo	Hermo
Neurônio	Neuroni
Osmose	Osmoosi
Proteína	Proteiini
Réptil	Matelija
Simbiose	Symbioosi
Sinapse	Synapsi

Caminhada
Patikointi

Acampamento	Camping
Animais	Eläimet
Água	Vesi
Botas	Saappaat
Cansado	Väsynyt
Clima	Ilmasto
Cume	Kokous
Mapa	Kartta
Montanha	Vuori
Natureza	Luonto
Orientação	Suunta
Parques	Puistot
Pedras	Kivi
Penhasco	Kallio
Perigos	Vaarat
Pesado	Raskas
Selvagem	Villi
Sol	Aurinko
Tempo	Sää

Casa
Talo

Biblioteca	Kirjasto
Cerca	Aita
Chaminé	Savupiippu
Chaves	Nøkler
Chuveiro	Suihku
Cortinas	Verhot
Cozinha	Keittiö
Espelho	Peili
Garagem	Autotalli
Janela	Ikkuna
Jardim	Puutarha
Lareira	Takka
Mobiliário	Huonekalu
Parede	Seinä
Porta	Ovi
Quarto	Huone
Sótão	Ullakko
Tapete	Matto
Torneira	Hana
Vassoura	Luuta

Chocolate
Suklaa

Açúcar	Sokeri
Amargo	Katkera
Amendoins	Maapähkinät
Aroma	Aromi
Artesanal	Artisanal
Cacau	Kaakao
Calorias	Kalori
Caramelo	Karamelli
Coco	Kokosnøtt
Comer	Syödä
Delicioso	Herkullinen
Doce	Makea
Exótico	Eksotisk
Favorito	Suosikki
Gosto	Maku
Ingrediente	Ainesosa
Pó	Jauhe
Qualidade	Laatu
Receita	Resepti

Churrascos
Grilli

Almoço	Lounas
Convite	Kutsu
Crianças	Lapset
Facas	Veitset
Família	Perhe
Fome	Nälkä
Frango	Kana
Fruta	Hedelmä
Grelha	Grilli
Jantar	Illallinen
Jogos	Pelit
Legumes	Vihannes
Molho	Kastike
Música	Musiikki
Pimenta	Pippuri
Quente	Kuuma
Sal	Suola
Saladas	Salaatit
Tomates	Tomaatit
Verão	Kesä

Cidade
Kaupunki

Aeroporto	Lufthavn
Banco	Pankki
Biblioteca	Kirjasto
Cinema	Elokuva
Clínica	Klinikka
Escola	Koulu
Estádio	Stadion
Farmácia	Apteekki
Galeria	Galleria
Hotel	Hotelli
Jardim Zoológico	Eläintarha
Livraria	Kirjakauppa
Mercado	Markkina
Museu	Museo
Padaria	Leipomo
Restaurante	Ravintola
Salão	Salonki
Supermercado	Supermarket
Teatro	Teatteri
Universidade	Yliopisto

Ciência
Tiede

Átomo	Atomi
Cientista	Tiedemies
Clima	Ilmasto
Dados	Tiedot
Evolução	Evoluutio
Fato	Tosiasia
Física	Fysiikka
Fóssil	Fossiili
Gravidade	Painovoima
Hipótese	Hypoteesi
Laboratório	Laboratorio
Método	Menetelmä
Minerais	Mineraali
Moléculas	Molekyyli
Natureza	Luonto
Observação	Havainto
Organismo	Organismi
Partículas	Hiukset
Plantas	Kasvit
Químico	Kemiallinen

Clima
Sää

Arco-Íris	Sateenkaari
Atmosfera	Ilmainen
Calmo	Rauhallinen
Céu	Taivas
Clima	Ilmasto
Furacão	Hurrikaani
Gelo	Jään
Monção	Monsuuni
Nevoeiro	Sumu
Nuvem	Pilvi
Polar	Polar
Relâmpago	Salama
Seca	Kuivuus
Seco	Kuiva
Temperatura	Lämpötila
Tempestade	Myrsky
Tornado	Tornado
Tropical	Trooppinen
Trovão	Ukkonen
Vento	Tuuli

Comida # 2
Ruoka #2

Alcachofra	Artisokka
Amêndoa	Manteli
Arroz	Riisi
Banana	Banaani
Beringela	Munakoiso
Brócolis	Parsakaali
Cereja	Kirsikka
Chocolate	Suklaa
Cogumelo	Sieni
Frango	Kana
Iogurte	Jogurtti
Kiwi	Kiivi
Maçã	Omena
Ovo	Muna
Peixe	Kala
Presunto	Kinkku
Queijo	Juusto
Tomate	Tomaatti
Trigo	Vehnä
Uva	Rypäle

Comida #1
Ruoka #1

Açúcar	Sokeri
Alho	Valkosipuli
Amendoim	Maapähkinä
Atum	Tunfisk
Bolo	Kakku
Canela	Kaneli
Cebola	Sipuli
Cenoura	Porkkana
Cevada	Ohra
Damasco	Aprikoosi
Espinafre	Pinaatti
Leite	Maito
Limão	Sitruuna
Manjericão	Basilika
Morango	Mansikka
Nabo	Nauris
Sal	Suola
Salada	Salaatti
Sopa	Suppe
Suco	Mehu

Corpo Humano
Ihmiskehon

Boca	Suu
Cabeça	Pää
Cérebro	Aivot
Coração	Sydän
Cotovelo	Kyynärpää
Dedo	Sormi
Joelho	Polvi
Lábios	Huulet
Mão	Käsi
Nariz	Nenä
Olho	Silmä
Ombro	Olkapää
Orelha	Korva
Pele	Iho
Perna	Jalka
Pescoço	Kaula
Queixo	Leuka
Sangue	Veri
Testa	Otsa
Tornozelo	Nilkka

Cozinha
Keittiö

Avental	Esiliina
Chaleira	Kattila
Colheres	Lusikat
Comer	Syödä
Concha	Kauha
Cups	Kupit
Especiarias	Mausteet
Esponja	Sieni
Facas	Veitset
Forno	Uuni
Freezer	Pakastin
Garfos	Gafler
Geladeira	Jääkaappi
Grelha	Grilli
Guardanapo	Lautasliina
Jar	Purkki
Jarro	Kannu
Pauzinhos	Syömäpuikot
Receita	Resepti
Tigela	Kulho

Criatividade
Luovuus

Artístico	Taiteellinen
Autenticidade	Aitous
Clareza	Selkeys
Dramático	Dramaattinen
Espontânea	Spontaani
Expressão	Ilmaisu
Fluidez	Juoksevuus
Habilidade	Taito
Imagem	Kuva
Imaginação	Mielikuvitus
Impressão	Vaikutelma
Inspiração	Innoitus
Intensidade	Intensiteetti
Intuição	Intuitio
Inventivo	Kekseliäs
Sensação	Tunne
Visões	Visioita
Vitalidade	Elinvoima

Dança
Tanssi

Academia	Akatemia
Alegre	Iloinen
Arte	Taide
Clássico	Klassinen
Coreografia	Koreografia
Corpo	Keho
Cultura	Kulttuuri
Emoção	Tunne
Ensaio	Harjoitukset
Expressivo	Ilmeikäs
Graça	Armo
Movimento	Liike
Música	Musiikki
Parceiro	Kumppani
Postura	Ryhti
Ritmo	Rytmi
Tradicional	Perinteinen
Visual	Visuaalinen

Dias e Meses
Päivät ja Kuukaudet

Abril	Huhtikuu
Agosto	Elokuu
Ano	Vuosi
Calendário	Kalenteri
Dezembro	Joulukuu
Domingo	Sunnuntai
Fevereiro	Helmikuu
Janeiro	Tammikuu
Julho	Heinäkuu
Junho	Kesäkuu
Mês	Kuukausi
Novembro	Marraskuu
Outubro	Lokakuu
Quinta-Feira	Torstai
Sábado	Lauantai
Segunda-Feira	Maanantai
Semana	Viikko
Setembro	Syyskuu
Sexta-Feira	Perjantai
Terça	Tiistai

Diplomacia
Diplomatia

Campanhas	Kampanjat
Cidadãos	Borgere
Comunidade	Yhteisö
Conflito	Konflikti
Consultor	Neuvonantaja
Cooperação	Yhteistyö
Discussão	Keskustelu
Embaixada	Lähetystö
Estrangeiro	Ulkomainen
Ética	Etiikka
Governo	Hallitus
Integridade	Eheys
Justiça	Oikeus
Línguas	Kieli
Política	Politiikka
Resolução	Päätös
Segurança	Turvallisuus
Solução	Ratkaisu
Tratado	Sopimus

Dirigindo
Ajo

Acidente	Onnettomuus
Carro	Auto
Combustível	Polttoaine
Cuidado	Varoitus
Estrada	Tie
Freios	Jarrut
Garagem	Autotalli
Gás	Kaasu
Licença	Lisenssi
Mapa	Kartta
Motocicleta	Moottoripyörä
Motor	Moottori
Pedestre	Jalankulkija
Perigo	Vaara
Polícia	Poliisi
Rua	Katu
Segurança	Turvallisuus
Transporte	Kuljetus
Tráfego	Liikenne
Túnel	Tunneli

Disciplinas Científicas
Tieteelliset Alat

Anatomia	Anatomia
Arqueologia	Arkeologia
Astronomia	Tähtitiede
Biologia	Biologia
Bioquímica	Biokemia
Botânica	Kasvitiede
Cinesiologia	Kinesiologia
Ecologia	Ekologia
Fisiologia	Fysiologia
Geologia	Geologia
Imunologia	Immunologia
Linguística	Kielitiede
Mecânica	Mekaniikka
Meteorologia	Meteorologia
Mineralogia	Mineralogia
Neurologia	Neurologia
Psicologia	Psykologia
Química	Kemia
Sociologia	Sosiologia
Zoologia	Eläintiede

Doença
Sairaus

Abdominal	Vatsa
Agudo	Akuutti
Alergias	Allergia
Bacteriano	Bakteeri
Contagioso	Tarttuva
Coração	Sydän
Corpo	Keho
Crônica	Krooninen
Fraco	Heikko
Hereditário	Perinnöllinen
Imunidade	Immuniteetti
Inflamação	Tulehdus
Lombar	Lumbale
Neuropatia	Neuropatia
Ossos	Luut
Pulmonar	Keuhko
Respiratório	Hengitys
Saúde	Terveys
Síndrome	Syndrooma
Terapia	Terapia

Edifícios
Rakennukset

Apartamento	Huoneisto
Castelo	Linna
Celeiro	Lato
Cinema	Elokuva
Embaixada	Lähetystö
Escola	Koulu
Estádio	Stadion
Fazenda	Maatila
Fábrica	Tehdas
Garagem	Autotalli
Hospital	Sairaala
Hotel	Hotelli
Laboratório	Laboratorio
Museu	Museo
Observatório	Observatorio
Supermercado	Supermarket
Teatro	Teatteri
Tenda	Teltta
Torre	Torni
Universidade	Yliopisto

Emoções
Tunteita

Alegria	Ilo
Amor	Rakkaus
Animado	Innoissaan
Bem-Aventurança	Autuus
Bondade	Ystävällisyys
Calmo	Rauhallinen
Conteúdo	Sisältö
Grato	Kiitollinen
Medo	Pelko
Paz	Rauha
Raiva	Suututtaa
Relaxado	Rento
Satisfeito	Tyytyväinen
Simpatia	Myötätunto
Ternura	Hellyys
Tédio	Ikävystyminen
Tranquilidade	Rauhallisuus
Tristeza	Surullisuus

Energia
Energiaa

Ambiente	Ympäristö
Bateria	Akku
Calor	Lämpö
Carbono	Hiili
Combustível	Polttoaine
Diesel	Diesel
Elétrico	Sähköinen
Elétron	Elektroni
Entropia	Entropia
Fóton	Fotoni
Gasolina	Bensiini
Hidrogênio	Vety
Indústria	Industri
Motor	Moottori
Nuclear	Ydin
Poluição	Forurensning
Renovável	Uusiutuva
Sol	Aurinko
Turbina	Turbiini
Vento	Tuuli

Engenharia
Suunnittelu

Atrito	Kitka
Ângulo	Kulma
Cálculo	Laskeminen
Construção	Rakentaminen
Diagrama	Kaavio
Diâmetro	Halkaisija
Diesel	Diesel
Dimensões	Mitat
Distribuição	Jakelu
Eixo	Akseli
Energia	Energia
Estabilidade	Vakaus
Estrutura	Rakenne
Força	Vahvuus
Líquido	Neste
Máquina	Kone
Medição	Mittaus
Motor	Moottori
Profundidade	Syvyys
Propulsão	Propulsio

Especiarias
Mausteita

Açafrão	Maustesahrami
Alcaçuz	Lakritsi
Alho	Valkosipuli
Amargo	Katkera
Anis	Anis
Azedo	Hapan
Baunilha	Vanilja
Canela	Kaneli
Cardamomo	Kardemumma
Caril	Curry
Cebola	Sipuli
Coentro	Korianteri
Cominho	Kumina
Cravo	Kynsi
Doce	Makea
Funcho	Fenkoli
Gengibre	Inkivääri
Pimenta	Pippuri
Sabor	Maku
Sal	Suola

Esporte
Urheilu

Alongamento	Venyttely
Atleta	Urheilija
Capacidade	Kyky
Cardiovascular	Sydän
Ciclismo	Pyöräily
Corpo	Keho
Dançando	Tanssit
Dieta	Ruokavalio
Esportes	Urheilu
Força	Vahvuus
Jogging	Hölkkä
Maximizar	Maksimoida
Músculos	Lihakset
Nutrição	Ravitsemus
Objetivo	Tavoite
Ossos	Luut
Programa	Ohjelmoida
Resistência	Kestävyys
Saúde	Terveys
Treinador	Valmentaja

Família
Perhe

Antepassado	Stamfar
Avó	Isoäiti
Criança	Lapsi
Crianças	Lapset
Esposa	Vaimo
Filha	Tytär
Infância	Lapsuus
Irmã	Sisko
Irmão	Veli
Marido	Mies
Materno	Äidin
Mãe	Äiti
Neto	Pojanpoika
Pai	Isä
Paterno	Isän
Primo	Serkku
Sobrinha	Veljentytär
Sobrinho	Veljenpoika
Tia	Täti
Tio	Setä

Fazenda #1
Maatila nro 1

Abelha	Mehiläinen
Agricultura	Maatalous
Arroz	Riisi
Água	Vesi
Bezerro	Vasikka
Burro	Aasi
Cabra	Vuohi
Campo	Kenttä
Cavalo	Hevonen
Cão	Koira
Cerca	Aita
Corvo	Varis
Feno	Heinä
Fertilizante	Lannoite
Frango	Kana
Gato	Kissa
Mel	Hunaja
Porco	Sika
Rebanho	Parvi
Vaca	Lehmä

Fazenda #2
Maatila # 2

Agricultor	Viljelijä
Animais	Eläimet
Celeiro	Lato
Cevada	Ohra
Colmeia	Mehiläispesä
Cordeiro	Karitsa
Fruta	Hedelmä
Irrigação	Kastelu
Leite	Maito
Lhama	Laama
Maduro	Kypsä
Milho	Maissi
Ovelha	Lammas
Pastor	Paimen
Pato	Ankka
Pomar	Hedelmätarha
Prado	Niitty
Trator	Traktori
Trigo	Vehnä
Vegetal	Vihannes

Férias #2
Loma #2

Aeroporto	Lufthavn
Destino	Kohde
Estrangeiro	Ulkomaalainen
Feriado	Loma
Fotos	Kuvat
Hotel	Hotelli
Ilha	Saari
Lazer	Vapaa
Mapa	Kartta
Mar	Meri
Montanhas	Vuoret
Passaporte	Passi
Praia	Ranta
Reservas	Varaukset
Restaurante	Ravintola
Táxi	Taksi
Tenda	Teltta
Transporte	Kuljetus
Viagem	Matka
Visto	Viisumi

Ficção Científica
Tieteiskirjallisuus

Cenário	Skenaario
Cinema	Elokuva
Distante	Kaukainen
Distopia	Dystopia
Explosão	Räjähdys
Extremo	Äärimmäinen
Fantástico	Fantastinen
Fogo	Antaa Potkut
Futurista	Futuristinen
Galáxia	Galaksi
Ilusão	Illuusio
Livros	Kirjat
Misterioso	Salaperäinen
Mundo	Maailma
Oráculo	Oraakkeli
Planeta	Planeetta
Realista	Realistinen
Robôs	Robotti
Tecnologia	Teknologia
Utopia	Utopia

Filantropia
Hyväntekeväisyys

Comunidade	Yhteisö
Contatos	Yhteystiedot
Crianças	Lapset
Desafios	Haasteet
Doar	Lahjoittaa
Finança	Rahoitus
Fundos	Varat
Generosidade	Gavmildhet
Grupos	Ryhmät
História	Historia
Honestidade	Rehellisyys
Humanidade	Ihmiskunta
Juventude	Nuori
Missão	Tehtävä
Objetivos	Tavoitteet
Pessoas	Ihmiset
Programas	Ohjelmat
Público	Julkinen

Física
Fysiikka

Aceleração	Kiihdytys
Átomo	Atomi
Caos	Kaaos
Densidade	Tiheys
Elétron	Elektroni
Fórmula	Kaava
Frequência	Taajuus
Gás	Kaasu
Gravidade	Painovoima
Magnetismo	Magnetismi
Massa	Massa
Mecânica	Mekaniikka
Molécula	Molekyyli
Motor	Moottori
Nuclear	Ydin
Partícula	Hiukkanen
Químico	Kemiallinen
Relatividade	Suhteellisuus
Universal	Yleistä
Velocidade	Nopeus

Flores
Kukkia

Buquê	Kimppu
Dente-De-Leão	Voikukka
Gardênia	Gardenia
Girassol	Auringonkukka
Hibisco	Hibiscus
Jasmim	Jasmiini
Lavanda	Laventeli
Lilás	Liila
Lírio	Lilja
Magnólia	Magnolia
Margarida	Päivänkakkara
Orquídea	Orkidea
Papoula	Unikko
Peônia	Pioni
Pétala	Terälehti
Plumeria	Plumeria
Rosa	Ruusu
Trevo	Apila
Tulipa	Tulppaani

Força e Gravidade
Voima ja Painovoima

Atrito	Kitka
Centro	Keskusta
Descoberta	Löytö
Dinâmico	Dynaaminen
Distância	Etäisyys
Eixo	Akseli
Expansão	Laajennus
Física	Fysiikka
Impacto	Vaikutus
Magnetismo	Magnetismi
Magnitude	Suuruus
Mecânica	Mekaniikka
Movimento	Liike
Peso	Paino
Pressão	Paine
Propriedades	Kiinteistö
Rapidez	Nopeus
Tempo	Aika
Universal	Yleistä

Frutas
Hedelmä

Abacate	Avokado
Abacaxi	Ananas
Amora	Blackberry
Baga	Marja
Banana	Banaani
Cereja	Kirsikka
Coco	Kokosnøtt
Damasco	Aprikoosi
Figo	Viikuna
Framboesa	Vadelma
Goiaba	Guava
Kiwi	Kiivi
Laranja	Oranssi
Limão	Sitruuna
Maçã	Omena
Manga	Mango
Nectarina	Nektariini
Pera	Päärynä
Pêssego	Persikka
Uva	Rypäle

Geografia
Maantiede

Altitude	Korkeus
Atlas	Atlas
Cidade	Kaupunki
Continente	Maanosa
Hemisfério	Halvkule
Ilha	Saari
Latitude	Leveysaste
Longitude	Pituusaste
Mapa	Kartta
Mar	Meri
Meridiano	Meridiaani
Montanha	Vuori
Mundo	Maailma
Norte	Pohjoinen
Oceano	Valtameri
Oeste	Länsi
País	Maassa
Região	Alue
Rio	Joki
Sul	Etelä

Geologia
Geologia

Ácido	Happo
Camada	Kerros
Caverna	Luola
Cálcio	Kalsium
Continente	Maanosa
Coral	Koralli
Cristais	Crystal
Erosão	Eroosio
Estalactite	Stalactite
Estalagmites	Stalagmiitit
Fóssil	Fossiili
Lava	Lava
Minerais	Mineraali
Pedra	Kivi
Platô	Tasanko
Quartzo	Kvartsi
Sal	Suola
Terremoto	Maanjäristys
Vulcão	Volcano
Zona	Vyöhyke

Geometria
Geometria

Altura	Korkeus
Ângulo	Kulma
Cálculo	Laskeminen
Círculo	Ympyrä
Curva	Käyrä
Diâmetro	Halkaisija
Dimensão	Ulottuvuus
Equação	Yhtälö
Horizontal	Vaaka
Lógica	Logiikka
Massa	Massa
Mediana	Mediaani
Paralelo	Rinnakkainen
Proporção	Osa
Segmento	Segmentti
Simetria	Symmetria
Superfície	Pinta
Teoria	Teoria
Triângulo	Kolmio
Vertical	Loddrett

Governo
Hallitus

Cidadania	Kansalaisuus
Civil	Siviili-
Constituição	Konstitusjon
Democracia	Demokratia
Discurso	Puhe
Discussão	Keskustelu
Distrito	Piiri
Estado	Valtio
Igualdade	Tasa-Arvo
Judicial	Rettslig
Justiça	Oikeus
Lei	Laki
Liberdade	Vapaus
Líder	Johtaja
Monumento	Monumentti
Nacional	Kansallinen
Nação	Kansakunta
Pacífico	Rauhallinen
Política	Politiikka
Símbolo	Symboli

Herbalismo
Herbalismi

Açafrão	Maustesahrami
Alecrim	Rosmariini
Alho	Valkosipuli
Aromático	Aromaattinen
Benéfico	Hyödyllinen
Coentro	Korianteri
Estragão	Rakuuna
Flor	Kukka
Funcho	Fenkoli
Ingrediente	Ainesosa
Jardim	Puutarha
Lavanda	Laventeli
Manjericão	Basilika
Manjerona	Meirami
Planta	Kasvi
Qualidade	Laatu
Sabor	Maku
Salsa	Persilja
Tomilho	Timjami
Verde	Vihreä

Imigração
Maahanmuuttovirasto

Administração	Hallinto
Adultos	Aikuiset
Aprovação	Hyväksyntä
Comunicação	Viestintä
Crianças	Lapset
Documentos	Asiakirja
Estresse	Stressi
Financiamento	Rahoitus
Fronteiras	Raja
Habitação	Asuminen
Lei	Laki
Língua	Kieli
Negociação	Neuvottelu
Oficial	Upseeri
Prazo	Takaraja
Processo	Prosessi
Proteção	Suojelu
Situação	Tilanne
Solução	Ratkaisu

Instrumentos Musicais
Soittimet

Bandolim	Mandoliini
Banjo	Banjo
Clarinete	Klarinetti
Fagote	Fagotti
Flauta	Huilu
Gaita	Huuliharppu
Gongo	Gong
Harpa	Harppu
Marimba	Marimba
Oboé	Oboe
Pandeiro	Tamburiini
Piano	Piano
Saxofone	Saksofoni
Tambor	Rumpu
Trombone	Pasuuna
Trompete	Trumpetti
Violão	Kitara
Violino	Viulu
Violoncelo	Sello

Jardim
Puutarha

Ancinho	Rake
Arbusto	Puska
Árvore	Puu
Banco	Penkki
Cerca	Aita
Ervas Daninhas	Ugress
Flor	Kukka
Garagem	Autotalli
Grama	Ruoho
Gramado	Nurmikko
Jardim	Puutarha
Lagoa	Lampi
Maca	Riippumatto
Mangueira	Letku
Pá	Lapio
Pomar	Hedelmätarha
Solo	Maaperä
Terraço	Terassi
Trampolim	Trampoliini
Varanda	Kuisti

Jardinagem
Puutarhanhoito

Água	Vesi
Buquê	Kimppu
Clima	Ilmasto
Comestível	Syötävä
Composto	Komposti
Espécies	Lajit
Exótico	Eksotisk
Floral	Kukka
Folha	Puun Lehti
Folhagem	Lehtien
Mangueira	Letku
Pomar	Hedelmätarha
Recipiente	Säiliö
Sazonal	Kausi
Sementes	Siemenet
Solo	Maaperä
Sujeira	Lika
Umidade	Kosteus

Jazz
Jazz

Artista	Taiteilija
Álbum	Albumi
Bateria	Rummut
Canção	Laulu
Composição	Koostumus
Compositor	Säveltäjä
Concerto	Konsertti
Estilo	Tyyli
Ênfase	Painotus
Famoso	Kuuluisa
Favoritos	Suosikit
Gênero	Laji
Improvisação	Improvisaatio
Música	Musiikki
Novo	Uusi
Orquestra	Orkesteri
Ritmo	Rytmi
Talento	Kyky
Técnica	Tekniikka
Velho	Vanha

Literatura
Kirjallisuus

Analogia	Analogia
Análise	Analyysi
Anedota	Anekdootti
Autor	Tekijä
Biografia	Elämäkerta
Comparação	Vertailu
Conclusão	Päätelmä
Descrição	Kuvaus
Diálogo	Dialog
Estilo	Tyyli
Ficção	Fiktiota
Metáfora	Metafora
Narrador	Kertoja
Opinião	Lausunto
Poema	Runo
Rima	Loppusointu
Ritmo	Rytmi
Romance	Romaani
Tema	Teema
Tragédia	Tragedia

Livros
Kirjat

Autor	Tekijä
Aventura	Seikkailu
Coleção	Kokoelma
Contexto	Konteksti
Dualidade	Kaksinaisuus
Escrito	Skriftlig
Épico	Eeppinen
História	Tarina
Inventivo	Kekseliäs
Leitor	Lukija
Narrador	Kertoja
Palavras	Sanat
Página	Sivu
Personagem	Merkki
Poema	Runo
Poesia	Runous
Relevante	Relevaantia
Romance	Romaani
Série	Sarja
Trágico	Traaginen

Mamíferos
Merinisäkkäiden

Baleia	Valas
Camelo	Kameli
Canguru	Kenguru
Cavalo	Hevonen
Cão	Koira
Coelho	Kani
Coiote	Kojootti
Elefante	Norsu
Gato	Kissa
Girafa	Kirahvi
Golfinho	Delfiini
Gorila	Gorilla
Leão	Leijona
Lobo	Susi
Macaco	Apina
Ovelha	Lammas
Pantera	Pantteri
Raposa	Kettu
Touro	Härkä
Zebra	Seepra

Matemática
Matematiikka

Aritmética	Aritmeettinen
Ângulos	Kulmat
Circunferência	Ympärysmitta
Decimal	Desimaali
Diâmetro	Halkaisija
Equação	Yhtälö
Expoente	Eksponentti
Fração	Jae
Geometria	Geometria
Paralelo	Rinnakkainen
Paralelogramo	Suunnikas
Perímetro	Kehä
Polígono	Monikulmio
Quadrado	Neliö
Raio	Säde
Retângulo	Suorakulmio
Simetria	Symmetria
Soma	Summa
Triângulo	Kolmio
Volume	Tilavuus

Material de Arte
Taide-Tarvikkeet

Acrílico	Akryyli
Apagador	Pyyhekumi
Aquarelas	Akvarellit
Argila	Savi
Água	Vesi
Cadeira	Tuoli
Cavalete	Maalausteline
Câmera	Kamera
Cola	Liima
Cores	Väri
Criatividade	Luovuus
Escovas	Harjat
Lápis	Kynä
Mesa	Pöytä
Óleo	Öljy
Papel	Paperi
Tinta	Muste
Tintas	Maalit

Medições
Mittaus

Altura	Korkeus
Byte	Tavu
Centímetro	Senttimetri
Comprimento	Pituus
Decimal	Desimaali
Grama	Gramma
Grau	Aste
Largura	Leveys
Litro	Litra
Massa	Massa
Metro	Mittari
Minuto	Minuutti
Onça	Unssi
Peso	Paino
Polegada	Tuuma
Profundidade	Syvyys
Quilograma	Kilogramma
Quilômetro	Kilometri
Tonelada	Tonni
Volume	Tilavuus

Meditação
Meditaatio

Aceitação	Hyväksyminen
Acordado	Hereillä
Aprender	Oppia
Atenção	Huomio
Bondade	Ystävällisyys
Clareza	Selkeys
Compaixão	Myötätunto
Emoções	Tunne
Gratidão	Kiitollisuus
Mental	Henkistä
Mente	Mieli
Movimento	Liike
Música	Musiikki
Natureza	Luonto
Observação	Havainto
Paz	Rauha
Pensamentos	Ajatuksia
Perspectiva	Näkökulma
Postura	Ryhti
Silêncio	Hiljaisuus

Mitologia
Mytologia

Arquétipo	Arketype
Céu	Taivas
Ciúmes	Kateus
Crenças	Uskomukset
Criação	Luominen
Criatura	Olento
Cultura	Kulttuuri
Desastre	Katastrofi
Força	Vahvuus
Guerreiro	Soturi
Heroína	Sankaritar
Herói	Sankari
Labirinto	Labyrintti
Lenda	Legenda
Mágico	Maaginen
Monstro	Hirviö
Mortal	Kuolevainen
Relâmpago	Salama
Trovão	Ukkonen
Vingança	Kosto

Moda
Muoti

Acessível	Edullinen
Bordado	Broderi
Botões	Painikkeet
Boutique	Boutique
Caro	Kallis
Confortável	Mukava
Elegante	Tyylikäs
Estilo	Tyyli
Medidas	Mitat
Moderno	Moderni
Modesto	Vaatimaton
Original	Alkuperäinen
Prático	Praktisk
Renda	Pitsi
Roupa	Vaate
Tecido	Kangas
Tendência	Suuntaus
Textura	Rakenne

Música
Musiikki

Álbum	Albumi
Balada	Balladi
Cantar	Laulaa
Cantor	Laulaja
Clássico	Klassinen
Coro	Kertosäe
Gravação	Äänite
Harmonia	Harmonia
Improvisar	Improvisoida
Instrumento	Väline
Lírico	Lyyrinen
Melodia	Melodia
Microfone	Mikrofoni
Musical	Musiikki
Músico	Muusikko
Ópera	Ooppera
Poético	Runollinen
Ritmo	Rytmi
Tempo	Tempo
Vocal	Laulu

Natureza
Luonto

Abelhas	Mehiläinen
Abrigo	Suoja
Animais	Eläimet
Ártico	Arktinen
Beleza	Kauneus
Deserto	Aavikko
Dinâmico	Dynaaminen
Erosão	Eroosio
Floresta	Metsä
Folhagem	Lehtien
Geleira	Jäätikkö
Montanhas	Vuoret
Nevoeiro	Sumu
Nuvens	Pilvi
Rio	Joki
Santuário	Pyhäkkö
Selvagem	Villi
Sereno	Rauhallinen
Tropical	Trooppinen
Vital	Tärkeä

Negócios
Liiketoimintaa

Carreira	Ura
Custo	Kustannus
Desconto	Alennus
Dinheiro	Raha
Economia	Talous
Empregado	Työntekijä
Empregador	Työnantaja
Empresa	Yhtiö
Escritório	Toimisto
Fábrica	Tehdas
Finança	Rahoitus
Impostos	Verot
Investimento	Sijoitus
Loja	Myymälä
Lucro	Voitto
Mercadoria	Tavara
Moeda	Valuutta
Orçamento	Budsjett
Rendimento	Tulo
Venda	Myynti

Nutrição
Ravitsemus

Amargo	Katkera
Apetite	Ruokahalu
Calorias	Kalori
Carboidratos	Karbohydrater
Comestível	Syötävä
Dieta	Ruokavalio
Digestão	Ruoansulatus
Equilibrado	Tasapainoinen
Fermentação	Käyminen
Líquidos	Nesteet
Molho	Kastike
Nutriente	Næringsstoff
Peso	Paino
Proteínas	Proteiini
Qualidade	Laatu
Sabor	Maku
Saudável	Terve
Saúde	Terveys
Toxina	Myrkky
Vitamina	Vitamiini

Números
Numerot

Cinco	Viisi
Decimal	Desimaali
Dez	Kymmenen
Dezesseis	Kuusitoista
Dois	Kaksi
Doze	Kaksitoista
Matemática	Matematiikka
Nove	Yhdeksän
Oito	Kahdeksan
Quatorze	Neljätoista
Quatro	Neljä
Quinze	Viisitoista
Seis	Kuusi
Sete	Seitsemän
Treze	Kolmetoista
Três	Kolme
Um	Yksi
Vinte	Kaksikymmentä
Zero	Nolla

Oceano
Valtameri

Alga	Levät
Atum	Tunfisk
Baleia	Valas
Barco	Vene
Camarão	Katkaravut
Caranguejo	Rapu
Coral	Koralli
Enguia	Ankerias
Esponja	Sieni
Golfinho	Delfiini
Marés	Tidevann
Medusa	Manet
Ostra	Osteri
Peixe	Kala
Polvo	Mustekala
Recife	Riutta
Sal	Suola
Tartaruga	Kilpikonna
Tempestade	Myrsky
Tubarão	Hai

Paisagens
Maisemat

Cascata	Vesiputous
Caverna	Luola
Colina	Mäki
Deserto	Aavikko
Geleira	Jäätikkö
Golfo	Kuilu
Iceberg	Jäävuori
Ilha	Saari
Lago	Järvi
Mar	Meri
Montanha	Vuori
Oásis	Keidas
Oceano	Valtameri
Pântano	Suo
Península	Niemimaa
Praia	Ranta
Rio	Joki
Tundra	Tundra
Vale	Laakso
Vulcão	Volcano

Países #1
Maat #1

Alemanha	Saksa
Brasil	Brasilia
Camboja	Kambodža
Canadá	Kanada
Egito	Egypti
Equador	Ecuador
Espanha	Espanja
Finlândia	Suomi
Iraque	Irak
Israel	Israel
Itália	Italia
Índia	Intia
Mali	Mali
Marrocos	Marokko
Nicarágua	Nicaragua
Noruega	Norja
Panamá	Panama
Polônia	Puola
Senegal	Senegal
Venezuela	Venezuela

Países #2
Maat #2

Albânia	Albania
Dinamarca	Tanska
França	Ranska
Grécia	Kreikka
Haiti	Haiti
Indonésia	Indonesia
Irlanda	Irlanti
Jamaica	Jamaika
Japão	Japani
Laos	Laos
Líbano	Libanon
México	Meksiko
Nepal	Nepal
Nigéria	Nigeria
Paquistão	Pakistan
Rússia	Venäjä
Síria	Syyria
Somália	Somalia
Ucrânia	Ukraina
Uganda	Uganda

Pássaros
Linnut

Avestruz	Strutsi
Águia	Kotka
Canário	Kanarifugl
Cegonha	Haikara
Cisne	Joutsen
Corvo	Varis
Cuco	Käki
Flamingo	Flamingo
Frango	Kana
Gaivota	Lokki
Ganso	Hanhi
Ovo	Muna
Papagaio	Papukaija
Pardal	Varpunen
Pato	Ankka
Pavão	Riikinkukko
Pelicano	Pelikaani
Pinguim	Pingviini
Pombo	Kyyhkynen
Tucano	Toukaanin

Pesca
Kalastus

Água	Vesi
Barbatanas	Evät
Barco	Vene
Brânquias	Gjellene
Cesta	Kori
Cozinhar	Kokki
Equipamento	Laitteet
Exagero	Overdrivelse
Gancho	Koukku
Isca	Syötti
Lago	Järvi
Mandíbula	Leuka
Oceano	Valtameri
Paciência	Tålmodighet
Peso	Paino
Praia	Ranta
Rio	Joki
Temporada	Kausi

Plantas
Kasveja

Arbusto	Puska
Árvore	Puu
Baga	Marja
Bambu	Bambu
Botânica	Kasvitiede
Cacto	Kaktus
Erva	Yrtti
Feijão	Papu
Fertilizante	Lannoite
Flor	Kukka
Flora	Kasvisto
Floresta	Metsä
Folhagem	Lehtien
Grama	Ruoho
Hera	Muratti
Jardim	Puutarha
Musgo	Sammal
Pétala	Terälehti
Raiz	Juuri
Vegetação	Kasvillisuus

Política
Politiikka

Ativista	Aktivisti
Campanha	Kampanja
Candidato	Ehdokas
Comitê	Komitea
Conselho	Neuvosto
Escolha	Valinta
Estratégia	Strategia
Ética	Etiikka
Governo	Hallitus
Igualdade	Tasa-Arvo
Impostos	Verot
Liberdade	Vapaus
Nacional	Kansallinen
Opinião	Lausunto
Política	Politiikka
Político	Poliitikko
Popularidade	Suosio
Vitória	Voitto

Profissões #1
Ammatit nro 1

Advogado	Asianajaja
Alfaiate	Räätälöidä
Artista	Taiteilija
Atleta	Urheilija
Banqueiro	Pankkiiri
Bombeiro	Palomies
Caçador	Metsästäjä
Cartógrafo	Kartografi
Cientista	Tiedemies
Dançarino	Tanssija
Editor	Redaktør
Encanador	Putkimies
Enfermeira	Hoitaja
Geólogo	Geologi
Joalheiro	Kultaseppä
Marinheiro	Merimies
Músico	Muusikko
Pianista	Pianisti
Psicólogo	Psykologi
Veterinário	Eläinlääkäri

Profissões #2
Ammatit #2

Agricultor	Viljelijä
Astronauta	Astronautti
Biólogo	Biologi
Cirurgião	Kirurgi
Dentista	Hammaslääkäri
Detetive	Etsivä
Editor	Kustantaja
Engenheiro	Insinööri
Filósofo	Filosofi
Fotógrafo	Valokuvaaja
Ilustrador	Kuvittaja
Inventor	Keksijä
Investigador	Tutkija
Jardineiro	Puutarhuri
Jornalista	Toimittaja
Médico	Lääkäri
Piloto	Pilotti
Pintor	Taidemaalari
Político	Poliitikko
Professor	Opettaja

Química
Kemia

Alcalino	Emäksinen
Ácido	Happo
Calor	Lämpö
Carbono	Hiili
Catalisador	Katalysator
Cloro	Kloori
Elementos	Elementit
Elétron	Elektroni
Enzima	Entsyymi
Gás	Kaasu
Hidrogênio	Vety
Íon	Ioni
Líquido	Neste
Molécula	Molekyyli
Nuclear	Ydin
Orgânico	Orgaaninen
Oxigénio	Happi
Peso	Paino
Sal	Suola
Temperatura	Lämpötila

Restaurante # 2
Ravintola nro 2

Almoço	Lounas
Aperitivo	Alkupala
Água	Vesi
Bebida	Juoma
Bolo	Kakku
Cadeira	Tuoli
Colher	Lusikka
Delicioso	Herkullinen
Especiarias	Mausteet
Fruta	Hedelmä
Garçom	Tarjoilija
Garfo	Haarukka
Gelo	Jään
Jantar	Illallinen
Legumes	Vihannes
Macarrão	Nuudelit
Peixe	Kala
Sal	Suola
Salada	Salaatti
Sopa	Suppe

Restaurante #1
Ravintola nro 1

Alergia	Allergia
Café	Kahvi
Carne	Liha
Comer	Syödä
Cozinha	Keittiö
Faca	Veitsi
Frango	Kana
Garçonete	Tarjoilija
Guardanapo	Lautasliina
Ingredientes	Aine
Menu	Valikko
Molho	Kastike
Pão	Leipä
Picante	Mausteinen
Placa	Levy
Reserva	Varaus
Sobremesa	Jälkiruoka
Tigela	Kulho

Roupas
Vaatteensa

Avental	Esiliina
Blusa	Pusero
Calça	Housut
Camisa	Paita
Chapéu	Hattu
Cinto	Vyö
Colar	Kaulakoru
Jaqueta	Takki
Jeans	Farkut
Lenço	Huivi
Luvas	Käsineet
Meias	Sukat
Moda	Muoti
Pijama	Pyjama
Pulseira	Armbånd
Saia	Hame
Sandálias	Sandaalit
Sapato	Kenkä
Suéter	Villapaita
Vestido	Mekko

Saúde e Bem-Estar #1
Terveys ja Hyvinvointi #1

Altura	Korkeus
Ativo	Aktiivinen
Bactérias	Bakteerit
Clínica	Klinikka
Doutor	Lääkäri
Farmácia	Apteekki
Fome	Nälkä
Fratura	Murtuma
Hábito	Tottumus
Medicina	Lääke
Músculos	Lihakset
Nervos	Hermot
Ossos	Luut
Pele	Iho
Postura	Ryhti
Reflexo	Refleksi
Relaxamento	Rentoutuminen
Terapia	Terapia
Tratamento	Hoito
Vírus	Virus

Saúde e Bem-Estar #2
Terveys ja Hyvinvointi #2

Alergia	Allergia
Anatomia	Anatomia
Apetite	Ruokahalu
Caloria	Kalori
Corpo	Keho
Dieta	Ruokavalio
Digestão	Ruoansulatus
Doença	Sairaus
Energia	Energia
Genética	Genetiikka
Higiene	Hygienia
Hospital	Sairaala
Humor	Mieliala
Infecção	Infektio
Massagem	Hieronta
Peso	Paino
Recuperação	Elpyminen
Sangue	Veri
Saudável	Terve
Vitamina	Vitamiini

Tecnologia
Teknologia

Arquivo	Tiedosto
Blog	Blogi
Bytes	Tavua
Câmera	Kamera
Computador	Tietokone
Cursor	Kursori
Dados	Tiedot
Digital	Digitaalinen
Estatísticas	Tilastot
Fonte	Fontti
Internet	Internet
Mensagem	Viesti
Navegador	Selain
Pesquisa	Tutkimus
Segurança	Turvallisuus
Software	Ohjelmisto
Tela	Näyttö
Virtual	Virtuaalinen
Vírus	Virus

Tempo
Aika

Agora	Nyt
Ano	Vuosi
Antes	Ennen
Calendário	Kalenteri
Década	Vuosikymmen
Dia	Päivä
Futuro	Tulevaisuus
Hoje	Tänään
Hora	Tunnin
Manhã	Aamu
Meio-Dia	Keskipäivä
Mês	Kuukausi
Minuto	Minuutti
Momento	Hetki
Noite	Yö
Ontem	Eilen
Passado	Viime
Relógio	Kello
Semana	Viikko
Século	Vuosisata

Tipos de Cabelo
Hiusten Tyypit

Branco	Valkoinen
Brilhante	Kiiltävä
Cachos	Kiharat
Careca	Kalju
Cinza	Harmaa
Colori	Värillinen
Encaracolado	Kihara
Fino	Ohut
Grosso	Paksu
Loiro	Vaalea
Longo	Pitkä
Marrom	Ruskea
Ondulado	Aaltoileva
Prata	Hopea
Preto	Musta
Saudável	Terve
Seco	Kuiva
Suave	Pehmeä
Trançado	Punottu
Tranças	Punos

Universo
Maailmankaikkeus

Asteróide	Asteroidi
Astronomia	Tähtitiede
Atmosfera	Ilmainen
Celestial	Taivaallinen
Céu	Taivas
Cósmico	Kosminen
Eon	Eon
Equador	Päiväntasaaja
Galáxia	Galaksi
Hemisfério	Halvkule
Horizonte	Horisontti
Inclinar	Kallistaa
Latitude	Leveysaste
Longitude	Pituusaste
Lua	Kuu
Solar	Aurinko
Solstício	Päivänseisaus
Telescópio	Kaukoputki
Visível	Näkyvä
Zodíaco	Zodiakki

Vegetais
Vihannekset

Abóbora	Kurpitsa
Aipo	Selleri
Alcachofra	Artisokka
Alho	Valkosipuli
Batata	Peruna
Beringela	Munakoiso
Brócolis	Parsakaali
Cebola	Sipuli
Cenoura	Porkkana
Chalota	Salottisipuli
Cogumelo	Sieni
Ervilha	Herne
Espinafre	Pinaatti
Gengibre	Inkivääri
Nabo	Nauris
Pepino	Kurkku
Rabanete	Retiisi
Salada	Salaatti
Salsa	Persilja
Tomate	Tomaatti

Veículos
Ajoneuvot

Ambulância	Ambulanssi
Avião	Lentokone
Balsa	Lautta
Barco	Vene
Bicicleta	Polkupyörä
Caminhão	Kuka
Carro	Auto
Foguete	Raketti
Furgão	Varebil
Helicóptero	Helikopteri
Lambreta	Scooter
Metrô	Metro
Motor	Moottori
Ônibus	Bussi
Pneus	Renkaat
Submarino	Sukellusvene
Táxi	Taksi
Transporte	Sukkula
Trator	Traktori

Xadrez
Shakki

Aprender	Oppia
Branco	Valkoinen
Campeão	Mestari
Concurso	Kilpailu
Desafios	Haasteet
Diagonal	Diagonaalinen
Estratégia	Strategia
Jogador	Pelaaja
Jogo	Peli
Oponente	Vastustaja
Passivo	Passiivinen
Preto	Musta
Rainha	Kuningatar
Regras	Säännöt
Rei	Kuningas
Sacrifício	Uhrata
Tempo	Aika
Torneio	Turnaus

Parabéns

Conseguiu!

Esperamos que tenha gostado tanto deste livro como nós gostamos de o desenhar. Esforçamo-nos por criar livros da mais alta qualidade possível.
Esta edição foi concebida para proporcionar uma aprendizagem inteligente, de qualidade e divertida!

Gostou deste livro?

Um simples pedido

Estes livros existem graças às críticas que publica.
Pode ajudar-nos, deixando agora uma revisão?

Aqui está um pequeno link para
a sua página de revisão:

BestBooksActivity.com/Avaliacoes50

DESAFIO FINAL!

Desafio n° 1

Está pronto para o seu jogo grátis? Usamo-los a toda a hora, mas não são tão fáceis de encontrar - aqui estão os **Sinônimos!**

Escreva 5 palavras que encontrou nos puzzles (n° 21, n° 36, n° 76) e tente encontrar 2 sinónimos para cada palavra.

Escreva 5 palavras de *Puzzle 21*

Palavras	Sinônimo 1	Sinônimo 2

Escreva 5 palavras de *Puzzle 36*

Palavras	Sinônimo 1	Sinônimo 2

Escreva 5 palavras de *Puzzle 76*

Palavras	Sinônimo 1	Sinônimo 2

Desafio n° 2

Agora que já aqueceu, escreva 5 palavras que encontrou nos Puzzles (n° 9, n° 17 e n° 25) e tente encontrar 2 antônimos para cada palavra. Quantos se podem encontrar em 20 minutos?

Escreva 5 palavras de **Puzzle 9**

Palavras	Antônimo 1	Antônimo 2

Escreva 5 palavras de **Puzzle 17**

Palavras	Antônimo 1	Antônimo 2

Escreva 5 palavras de **Puzzle 25**

Palavras	Antônimo 1	Antônimo 2

Desafio nº 3

Óptimo! Este desafio final não é nada para si.

Pronto para o desafio final? Escolha 10 palavras que tenha descoberto nos diferentes puzzles e escreva-as abaixo.

1.	6.
2.	7.
3.	8.
4.	9.
5.	10.

Agora escreva um texto a pensar numa pessoa, num animal ou num lugar de seu agrado.

Pode utilizar a última página deste livro como um rascunho.

A Sua Composição:

CADERNO DE NOTAS:

ATÉ BREVE!

A equipa Inteira

DESCUBRA JOGOS GRATUITOS

GO

BESTACTIVITYBOOKS.COM/FREEGAMES

www.ingramcontent.com/pod-product-compliance
Lightning Source LLC
Chambersburg PA
CBHW082212120626
46553CB00010B/3119